失控的轟炸

人道與人性的交戰
造就二戰最漫長的一夜

THE BOMBER MAFIA

A Dream, a Temptation, and the Longest Night of the Second World War

Malcolm Gladwell

麥爾坎·葛拉威爾

鄭煥昇——譯

僅以本書獻給 KMO
（還有 BKMO！）

各界讚譽

大師就是大師，葛拉威爾又寫了一本很棒的書，從社會學、心理學、道德的角度來看二戰非常有趣，提供了戰略轟炸的不同看法，合乎邏輯又發人省思。喜歡二戰、軍事、航空的人一定會喜歡。

——Cheap／歷史 YouTuber

這本書是描寫空權在現代戰爭中所扮演的角色，寫得非常詳細，引用的故事也相當多。感覺上就是將我過去所讀過有關空權的書，集合起來在這一本書內呈獻給讀者。強力推薦給對空中武力有興趣的讀者。

——王立楨／航太工程師、航空系列書籍作家葛拉威爾，最會說故事並帶我們思考難題的暢銷書作者，新書主題是二戰空中力量的反思。在混亂時局中，有思想也有道德底限的人，令後人尊敬。但歷史的當下，卻總是殘暴且毫無顧忌的人會贏。你的看法呢？

——蔡依橙／「陪你看國際新聞」創辦人

引人入勝……葛拉威爾發揮了說故事的長才……在他的巧手之下，二戰的美國陸航將領躍然紙上……這本小書讓我欲罷不能，我惟一不滿的就是它篇幅不是兩倍長。

——湯瑪斯・E・瑞克斯（Thomas E. Ricks）／《紐約時報》書評

深入淺出且發人深省地描述了非常時期的非常決定是如何做成……葛

拉威爾平易近人的口語風格在此發揮了大用……字裡行間流露出他對轟炸機黑手黨的欽敬之情，對個人的描述則令人信服。

——黛安娜．普雷斯頓（Diana Preston）／《華盛頓郵報》

令人欲罷不能……完全以《紐約時報》暢銷作家葛拉威爾著名的可親敘事風格寫成。

——齊比．歐文斯（Zibby Owens）／《早安美國》

一個關於堅持、執著與創新，還有戰爭之殘酷的精采故事……轟炸機黑手黨直視了二戰中最令人天人交戰的道德兩難。

——麥可．路易士（Michael Lewis）／《橡皮擦計畫》作者

葛拉威爾是每個世代僅見的作家，他有一股不可思議的能力可以在故事中發掘故事，並點出眾人視而不見的教訓。

——布萊恩・艾略特（Bryan Elliott）／Inc.com 網站

絕佳的修正主義歷史書寫……葛拉威爾又一本翻轉你成見且會令人無法放下的佳作。

——《科克斯書評》（*Kirkus*，星級評論）

一則有著精采敘事的寓言……完全是葛拉威爾的水準……你可以說這就是一個人在危機時刻會如何反應的故事……好的書或故事不只要言之有物，更需要行文得法……對於一本不是在講戰爭本身的戰爭故事，這本書有著不只水準以上的演出。

——詹姆斯．麥康納奇（James McConnachie）／《星期日泰晤士報》（*Sunday Times*）

一個引人反思且充滿軼聞的故事，交代了二戰傷亡最慘重空襲的前因後果……葛拉威爾拿出了多樣的細節並對戰爭的道德層面提出了發人深省的質疑……書迷將能在其中品嘗到「科技如何偏離了其初衷」的深刻見解。

——《出版者周刊》（*Publishers Weekly*）

目次

第二部：誘惑 175

作者的話

還是個小朋友的時候，我父親會躺在床上，聽著飛機從頭頂上掠過。那是它們來了的聲音。然後等到凌晨時分，他又會聽到一樣的聲音，那就是飛機要回德國了。這一幕發生在英國，在英國的肯特，肯特西北方幾英里處就是倫敦。我父親生於一九三四年，換句話說二戰爆發時他五歲。當時的肯特被英國人稱為「轟炸巷」（Bomb Alley），因為對前往倫敦轟炸的德國戰機而言，肯特郡的天際是它們必經的空中走廊。

在那個年代不算罕見的事情，是一旦有轟炸機錯失了目標，或是有多的炸彈沒丟完，他們就會在回程時隨便找個地方投彈。有天，一枚「流彈」

就這樣掉到了我祖父母的後花園，但它並沒有爆炸，它只是靜靜躺在那裡，一半埋進了土裡——而我想不過分地說，如果你是個對一切機械都有興趣的五歲小朋友，那後院的德國未爆彈會讓你大開眼界，也算非常合理。

當然我父親不是這麼說的。他是個數學家，還是個英國數學家，所以表達情緒的語言不是他的母語，而更像是拉丁文或法文一樣的存在——他可以學，可以懂，但永遠無法徹底掌握。「後院的未爆彈會讓五歲小孩大開眼界」是我的詮釋，是我在聽完父親跟我說了那顆炸彈的故事後，五歲的我所做的詮釋。

時間推回一九六〇年代的尾聲，我們住在英國，更精確地說是英國的南安普頓，這個國家曾經歷過些什麼的紀念品，都還四處可見。走一趟倫敦，你還能清楚看出炸彈當時落在哪裡——哪裡有醜不拉嘰的「野蠻主義」建築從有數百年歷史的街區中突兀地拔地而起，哪裡就曾被夷為平地。

ＢＢＣ的廣播在我們家是從來不關的，而在那個年頭，你會感覺每兩個訪問，就有一個邀請到的是某位老將、或傘兵，或戰俘。我小時候創作的第一個短篇故事，講的就是希特勒還活著，並再次直撲英國而來。我將之寄給了祖母，那個在肯特的家後院曾有顆未爆彈的祖母。母親聽說了我寫的東西，訓誡了我一頓：對於經歷過戰爭的人來說，希特勒捲土重來可不是可以拿來開玩笑的事情。

我父親曾帶我跟幾個兄弟去到一片能遠望英吉利海峽的海灘。我們一起從二戰要塞的遺跡中爬了過去。我還記得當時內心的悸動，心想我們說不定會在無意間發現舊子彈、彈殼，甚至會撞見某德國無名間諜的遺骸被沖刷到岸邊。

如今長大了，但我不覺得我們失去了兒時的想像力。至少我沒有。我總是開玩笑說任何一本提到過「間諜」二字的小說，我都看過。幾年前的某天我看著自己的書架，然後——在驚訝中——意會到我竟然囤積了這麼多本戰爭主題的非虛構作品。那當中有暢銷的歷史大作，也有專業的歷史書寫、絕版的回憶錄、學術性的文本。而這些書最常談的是戰爭中的哪個面向呢？轟炸。《空中力量》（*Air Power*，暫譯），史提芬・布迪安斯基（Stephen Budiansky）著。《空戰中的言談與實況》（*Rhetoric and Reality in Air Warfare*，暫譯），塔蜜・戴維斯・比德爾（Tami Davis Biddle）著。《什文福上空的抉擇》（*Decision over Schweinfurt*，暫譯），湯瑪斯・柯菲（Thomas M. Coffey）著。我書架上堆滿了這些歷史。[1]

通常我會囤這麼多同領域的書，都是因為我想要寫這個主題。我有滿書架的社會心理學書籍，是因我靠社會心理學的寫作吃飯。但我基本上不太寫戰爭的東西——特別是不太寫二戰的東西，更別說是二戰裡的空中力量。[2]頂多是東一點西一點，零零碎碎地提及。這是為什麼呢？我也說不出來。我想佛洛伊德的信徒會分析這問題分析得很開心吧。但或許一個簡單的答案是，當一個主題對你愈重要時，你就愈難找到一個你想說的故事。換句話說，選材的門檻會變高。既然如此，那各位手上的這本《失控的轟炸》，又是怎麼回事呢？我要很高興地向大家宣布會有《失控的轟炸》這本書，就是我已經找到了一個值得我廢寢忘食、令人著迷的故事。

最後一件事——我想談談我為什麼用上「著迷」這個詞。這本書，是為了我著迷之事所寫。但這故事也談的是一件讓其他人著迷之事，談的是上世紀一件很令人著迷的事情。回顧我這些年來書寫過或探索過的事物，

1. 限於篇幅我只能停在這裡，但如果你還沒看過羅博塔・沃爾斯泰特（Roberta Wohlstetter）的《珍珠港：警訊與決定》（*Pearl Harbor: Warning and Decision*，暫譯），那就真的太可惜了。
2. 空中力量是我在我的播客節目《歷史大翻案》（*Revisionist History*）中探討過幾集的題目，包括〈西貢一九六五〉（Saigon 1965）、〈首相與教授〉（The Prime Minister and the Prof），還有第五季中有與本書同名的系列，其第一集就是〈失控的轟炸〉（The Bomber Mafia）。

我意識到我會一而再再而三地「入迷」。我喜歡會令人著迷的人事物。我喜歡那種讓人不惜排開一切日常俗務，只想專心做一件事情的感覺——那種有件事完全符合想像力輪廓的感覺。一旦入了迷，我們時不時會把路走偏，會見樹不見林地看不到大局，會在為這世界效力之餘也服務自身狹隘的私益。但話說回來，我覺得我們要是不會入迷，人類世界可能也就不會有進步、創新、驚喜與美麗。

我在書寫這本書的期間，曾跟時任美國空軍參謀長的大衛．古德芬（David Goldfein）共進晚餐，地點在空軍之家（Air House）。空軍之家位於北維吉尼亞的邁爾—韓德森館聯合基地（Joint Base Myer–Henderson Hall）內，而該基地與華府又只有波托馬克河一水之隔——空軍之家作為一棟宏偉的維多利亞式建物，坐落在一條宏偉的維多利亞建築街上，那兒的許多居民都是這個國家的軍事棟樑。晚餐後，古德芬將軍邀請了一群他的朋友與同僚——一票高階空軍官員——加入了我們。我們坐在將軍家的後院，一共五個人。他們幾乎全都是退役的飛官，他們不少人的父親也都是飛官。你們將在本書裡讀到的那些人物如果活在今天，就是他們的模樣。隨著天色慢慢入夜，我開始注意到些什麼。

空軍之家那條路的另外一頭，就是雷根華盛頓國家機場（Reagan Washington National Airport）。每隔大約十分鐘，就會有一架飛機從我們頭頂升空。不是什麼了不起的飛機：只是普通的商用客機，芝加哥、坦帕或夏洛特是它們的目的地。而每回有這樣的飛機飛過頭頂，將軍跟他的同袍們就會全數將目光揚起，只為了行上一眼注目禮。他們情不自禁。這就叫著迷。我懂。

引言

這樣不是辦法，你出局了。

〈一〉

曾經有段時間，世界上最大的機場坐落在西太平洋，距離日本海岸線大約一千五百英里的一個熱帶小島上。那個小島屬於馬里亞納群島，而馬里亞納群島的主要島嶼有關島、塞班島、天寧島。馬里亞納群島底下是一道幾乎都淹沒在水面下的海底山脈——該山脈南端的火山突出深海，露出水面，於是有了馬里亞納群島。歷史上大多數的時間，馬里亞納群島都因為面積太小而引不起世人太多關注，也不具有任何用途。直到空中力量的時代來臨，這些小島一夜之間變得重如泰山。

馬里亞納群島在二戰期間，主要由日軍掌控。但在歷經一次慘烈的戰役後，它們在一九四四年夏天落入了美軍之手。美軍首先在七月拿下了塞班島，然後在八月攻陷天寧島與關島。陸戰隊登陸的同時，海蜂隊（Seabee）也一起上了岸。海蜂隊是海軍的工兵營，而他們也二話不說就忙碌了起來。

短短三個月，一整個空軍基地——艾斯里機場（Isely Field）——已經在塞班島全面運作。然後在天寧島，建起了當時全世界最大的機場，北機場（North Field）——八千五百英尺的起降跑道，夯不啷噹一共四條。再接著是在關島，出現了現今的安德森空軍基地（Andersen Air Force Base），美國空軍通往遠東地區的門徑。有了機場，自然就來了飛機。

朗諾・雷根（Ronald Reagan）負責當時的戰爭影片旁白，而其中一部影片的主題是B-29超級堡壘（Superfortress）轟炸機最早期的任務。雷根形容B-29是巨大無比的飛船，是世界的奇觀：

搭載共四顆、每顆兩千兩百匹馬力的引擎，燃料容量相當於一整輛鐵路油罐車。尾翼有兩層樓那麼高。機體比海軍的護衛艦還長。其設計是為了搭載比史上任何一架轟炸機都更強大的毀滅力量，是要飛得更高、更快、更遠，而為了完成任務，它必將、也必須發揮這樣的效能。

一如雷根所說，B-29飛得比當時世上任何一架轟炸機更快、更高，更重要的是更遠。而其無遠弗屆的航程——加上美軍控制了馬里亞納——代表自太平洋戰爭開打以來，日本第一次進入了美國陸軍航空隊的打擊範圍。為了調度如今停在馬里亞納的轟炸機隊，美軍成立了一個特別單位：第二十一轟炸機司令部，指揮官是一名聰明過人的年輕將軍——海伍德·漢賽爾（Haywood Hansell）。

一九四四年的整個秋天跟冬天，漢賽爾發動了一次又一次的攻擊。數以百計的 B-29 掠過了太平洋的海面，在日本本土投下了它們的酬載，然後朝著馬里亞納返航。在漢賽爾的飛行員要起飛前往東京上空執行任務之際，來自美國本土的記者與攝影師也忙著為老家的鄉親父老記錄這令人激動的一幕。

又是朗諾·雷根說：

塞班島上的 B-29 就像瞄準日本心臟的大砲……日本鬼先能讓尼加拉瀑布停住，再去妄想怎麼把 B-29 擋住吧。第二十一轟炸機司令部已經蓄勢待發要攻擊它的第一個目標。

但時間來到一九四五年的一月六日，漢賽爾的指揮官勞瑞斯．諾爾斯達（Lauris Norstad）將軍抵達了馬里亞納。此時關島仍是個鳥不生蛋的地方：所謂的總部不過是一堆半圓頂鐵皮屋蓋在可以俯瞰大海的斷崖上。你可以想像兩位將軍都精疲力盡，而那除了是因為物資匱乏，也是因為他們肩上責任的重量。

我曾讀過英國皇家空軍亞瑟．哈里斯（Arthur Harris）將軍的一段文章，內容講的是在二戰中擔任空軍指揮官是怎麼回事：

我在想，除了少數過來人以外，究竟有誰可能理解在實戰中指揮大型空軍，那種令人膽寒的精神壓力。相較於整場戰爭打下來，海軍將領至多銜命去指揮一兩次大型戰役，而陸軍將領可能大概每六個月會需要與敵軍接戰一次，頂多在戰事極為激烈時變成一個月一次，但轟炸機隊的指揮官卻得每二十四小時就賭上全隊的所有身家……這種緊繃的日子長年累月，會累積出什麼樣的壓力，真的讓人怯於細想。

所以在關島，我們有漢賽爾與諾爾斯達。兩名飽經戰爭摧殘的空軍軍人，面對著他們期盼中戰爭的最後篇章。漢賽爾提議來個快速的巡禮：站在海灘上，飽覽從一片叢林中開闢出來的全新跑道。聊聊戰術、計畫。諾爾斯達說，不了。他有更私密的事情想要討論。然後就在那個會讓海伍德・漢賽爾終生難忘的瞬間，諾爾斯達轉身對他說：這樣不是辦法，你出局了。

「我覺得腳下整個空了——我徹底崩潰了。」時隔多年，漢賽爾就是這麼形容他當年的感覺。接著諾爾斯達又給他補了更深的一刀。他說，接你位子的會是柯蒂斯・李梅。

柯蒂斯．愛默生．李梅（Curtis Emerson LeMay）將軍時年三十八歲，是轟炸德國的空軍英雄，也是其所屬世代最具傳奇性的一名飛官。漢賽爾跟他很熟，他們曾在歐洲並肩作戰，而漢賽爾立刻就明白了這不是例行性的調動。這是在打臉，是一百八十度的大轉變，是華府在否定漢賽爾迄今所做的一切。海伍德．漢賽爾會這麼想，是因為柯蒂斯．李梅跟他在各個方面都一個北轍，一個南轅。

諾爾斯達表示，若漢賽爾願意，他可以留下來當李梅的副手，但漢賽爾視其為奇恥大辱，氣到說不出話來。諾爾斯達給他的交接時間是十天。這十天裡漢賽爾像是行屍走肉。在離島前的最後一夜，漢賽爾比平日多喝了一點。他在一名年輕上校的吉他伴奏下，為弟兄們高歌了一曲：「老飛行員不死，永遠不死，他們只是愈飛愈遠，愈飛愈遠……」

為了進行交接，柯蒂斯．李梅開著一架 B-29 轟炸機來到關島。〈星條旗之歌〉（美國國歌）樂音在現場響起。第二十一轟炸機司令部的官兵行軍而過接受檢閱。一名負責公關的軍官提議讓前後任指揮官合影留念。李梅嘴裡叼著根菸斗——他嘴裡任何時候都有菸斗——但突然要拍照，菸斗不知放哪裡好。他開始不斷嘗試把菸斗放進口袋。「將軍，」他的副官說，「拍照的時候，菸斗就由我替您拿著吧。」

李梅低聲說：「你們要我站哪兒？」相機的快門聲此起彼落，鏡頭捕捉到的是一個斜眼看著遠方的漢賽爾，還有一個低頭瞅著地板的李梅。這兩個人千萬個不情願地，跟對方毫無交流地入了鏡。而關於交接的一切也隨著這張照片，在一瞬間畫下了句點。

《失控的轟炸》所講述的，就是關於這個瞬間的故事，就是關於那瞬間的前因，還有後果——要知道那一次指揮權的更迭，將會一直餘波盪漾到今天。

〈二〉

關於科技革命，有件事情一直讓我困惑不已。有些新點子或創新誕生在世上，而且很顯然可以讓我們的世界天翻地覆，譬如網際網路、社群媒體。往前推幾個世代，改變世界的是電話與汽車。大家的預期心理是靠著這些發明，生活會變得更好、更有效率、更安全、更富裕、更快速。而在某些層面上，這些發明也達成了這些期待。只是事情在此時，又總是會橫生出意外的發展。曾經有段時間，社群媒體被捧成是讓基層民眾可以推翻暴政的利器。然而下個瞬間，社群媒體又成了大家害怕的對象，因為民眾可以在這個平台上彼此欺凌。汽車理應帶給我們自由與行動力，而它也在一開始做到了這點。只是又過了段時間，千百萬人發現他們的住家與職場開始天各一方，每天塞在壯觀的通勤車陣中成了一種日常。究竟出於哪種或哪幾種我們想不到或根本沒人想得到的理由，科技會時不時從它們正常的軌道上偏離出去？

《失控的轟炸》是針對夢想何以出錯進行的「個案研究」。何以當某個嶄新而閃亮的點子從天堂降下，它沒有緩緩地落在我們膝上，而是狠狠砸在堅硬的地上，粉身碎骨？實際上我即將開講的，並不是一個戰爭的故事。雖然情節基本上都發生在戰時，但這故事講的是一名荷蘭裔天才跟他的土製電腦，是阿拉巴馬中部的一群弟兄，是一名英國的精神變態，是哈佛地下實驗室裡的若干縱火狂化學家。這故事講的是人類意圖的亂七八糟，因為驀然回首，我們總是會忘記自己是如何地亂七八糟。

而故事的核心，就是海伍德．漢賽爾與柯蒂斯．李梅，在關島叢林裡正面衝突的這兩位。一人被送回家，一人留在關島，結果則造成了二戰中最黑暗的一夜。請你想想他們的故事然後捫心自問——換作是我會怎麼做？我會站在哪一邊？

第一部

夢想

第一章
諾登先生在工作室裡度過了快樂的時光

〈一〉

早在戰爭吞噬世界是一項隱憂但還沒有成為事實前，美國軍方注意到了一個不凡之人。

他名叫卡爾．諾登（Carl L. Norden）。終其一生，諾登都躲避著外界的矚目。他隻身一人工作——有些關鍵時期他會回到歐洲，在母親的廚房桌上敲打拼湊或自在做夢。他創建了一家數百人的企業。然後等戰爭結束後，他拋下了一切。關於他，沒有完整的傳記。也沒有個別的檔案。[1]沒有銅像紀念他。在他的祖國荷蘭沒有，在他度過餘生的瑞士沒有，在他做出最重要貢獻的曼哈頓市區也沒有。諾登左右了一場戰爭的走向，點燃了延續到世紀末的一個夢想。你很難想像有人像諾登一樣在世上留下了如此印記，然後消失在世人的視野裡。但他做到了。在一本厚達三百五十二頁，講述諾登之發明的技術性著述中，獻給他本人的只有一句話：「諾登先生在工作室裡度過了快樂的時光，有時候他會一天工作十八小時。」

就這樣，沒了。

所以在進入諾登的夢想與其對後世——一整個世代——的影響前，且讓我們先來講講諾登這個人。我去請教了史提芬·麥法蘭（Stephen L. McFarland）教授。他是極少數——甚至搞不好是唯一一個——真正深入挖

1. 我在二〇一一年發表過一場 TED Talk 演講，講的就是諾登跟他的發明。

掘過卡爾・諾登故事的歷史學者。我問他為什麼關於這名發明者的文件紀錄如此之少。教授回說這「主要是因為他本人要求絕對的保密」。他接著形容了這個人：「嗯，他極度地易怒。他的自尊心在我從來沒見過的人當中，是最強的一個。而我說『從來沒見過』，自然是因為我從來沒見過諾登本人。」

諾登是荷蘭人。他生於今日的印尼，當年的荷蘭殖民地。他在一間瑞士機械工坊裡當了三年的學徒，然後在蘇黎世的名校蘇黎世聯邦理工學院（Federal Polytechnic School）取得了工程學位，當時他有位同學叫作佛拉迪米爾・列寧（Vladimir Lenin）。諾登外型精瘦而帥氣。他習慣身著三件式的西裝，頂著一頭白色短髮跟幾撮不聽話的分岔，另外就是有濃密的八字鬍跟腫腫的眼皮底下深深的皺紋，就像他熬夜熬了幾年一樣。他的綽號是「火爆老浪子」。他喝咖啡算加侖，把牛排當飯吃。

麥法蘭解釋說：

他相信太陽會把人曬蠢是生物學上的事實。所以你看他出門永遠戴著頂大帽子。就連家人也在他的強迫下，出門也得戴帽子。他從還是個少年就隨家人駐在荷屬東印度群島，但他跟家人從來都是帽不離身，因為陽光會導致愚笨。

麥法蘭寫到諾登「手不釋卷地讀狄更斯，是為了了解弱勢者的生活，而閱讀梭羅，則是為了當中對素樸生活的探究」。他憎恨繳稅。他覺得小羅斯福總統是惡魔。

麥法蘭形容了諾登可以有多難搞：

有個有名的故事是他曾經在背後看著一名技師工作，搞得對方有點緊張，進而想要跟他攀談來緩和氣氛。技師於是看著他說：「您要不要講講看這部分這樣設計的理由啊？」結果諾登從口中拔出了雪茄，用盡全身力氣大喊：「我有一百個理由把那部分設計成那樣，沒有一個關你屁事。」不過他也不是針對這名技師啦，他對所有人都一視同仁。火爆老浪子當之無愧。

麥法蘭接著介紹了諾登的完美主義：

他不關心預算——他只關心怎麼做到「盡善盡美」。我見識過工程師設法把未知變成已知，也看過他們設法把已知變成可行，而他們都很強調要在這樣的過程中去參考前人的做法。但諾登的風格是：「我不要聽這種話。」他只要一疊白紙、一枝鉛筆，還有兩本滿滿都是數學公式的工程計算用書。他是從零開始的忠實信徒，而這反映的是他的自負。他說：「我不想知道其他人犯過什麼錯誤，也不想知道他們做對過什麼。我的正義我會自己發明。」

那麼卡爾・諾登用他的白紙，發明了什麼呢？答案是「轟炸瞄準器」。所謂轟炸瞄準器，現在已經沒人使用了——二十一世紀人類已經進入雷達跟衛星定位系統的時代——但在上世紀的很長一段時間裡，轟炸瞄準器都不是可以等閒視之的玩意兒。這裡讓我多解釋兩句，否則我擔心大家真的會低估了這東西的重要性。假設你活在，嗯，比方說二十世紀初期好了，然後你列了一張清單，上面是五十年內有待解決的十大科技難題，你覺得會有哪些東西呢？嗯，有些東西是顯而易見的。當年的人類迫切需要疫苗來防治兒童疾病——麻疹、腮腺炎；需要更好的肥料來對抗饑荒；物美價廉的空調仍有待普及，為的是提高人的工作效率；工薪家庭仍在引頸期盼可負擔的平價車款。這要說說不完。但就在這五花八門的民生需求中，卡著一個帶有軍事色彩的問題——那就是，有沒有什麼辦法能更精準地從飛機上投彈呢？

是說，這個問題憑什麼可以跟疫苗、肥料、空調平起平坐？原來，人類在二十世紀初歷經了第一次世界大戰，三千七百萬人非死即傷。三千七百萬人。其中光在索姆河一役，傷亡就不下百萬，但那其實是一場當下看不出有何意義，日後對戰局亦復無足輕重的戰鬥。一戰對活下來的人，造成了深重的創傷。

那懷著這樣的創傷，人類可以做點什麼呢？有一小群人開始覺得唯一實際的解決之道，就是讓軍隊改變他們作戰的方法。讓他們去學著——我知道這話聽起來很矛盾——打出「更好」的戰爭。而做出這派主張的，就是飛行員。飛官。讓這群人如痴如醉的，是那個時代最新也最令人熱血沸騰的科技成就：飛機。

〈二〉

飛機第一次盛大登場，就是在一戰。你應該看過那些老飛機的照片。三夾板、布料、金屬、橡膠。機翼有兩層，上下各一，中間有支桿相連。單座。有一挺與螺旋槳同步而能朝前射擊的機槍。這些老飛機會讓人想起那些你郵購回來，要自己在車庫裡組裝的產品。一戰時最出名的空戰機器，是索普威斯駱駝式戰鬥機（Sopwith Camel；史努比在我們熟悉的《花生》（*Peanuts*）漫畫裡飛的那架飛機，就是索普威斯駱駝式）。那玩意兒真是一塌糊塗。「控制在菜鳥手裡，」航空作家勞勃．傑克森（Robert Jackson）說，

「駱駝式會展現各種可怕的『殺手』特性。」傑克森並非在誇獎駱駝式是「殺敵高手」，而是在說它是自家飛行員的殺手。但新一代的飛行員會看著這些新玩具說：這東西可以讓那些血腥、浪費、無意義的地面戰銷聲匿跡。說不定我們可以把戰爭通通搬到天上去打？

這其中一名飛行員，叫作唐諾．威爾森（Donald Wilson）。他於一戰時服役，並清楚記得是什麼樣的恐懼緊抓住他的同袍。

他在一九七五年的一段口述歷史中說：

有個傢伙想不開，跑到我們的食堂去自殺。他把嘴巴放到步槍槍口上，扣下了扳機。另外有個人在壕溝裡對自己的腿開槍。這些人一定是放大了他們對於戰爭凶險的想像。但我在想整體而言，我們大多數人根本對有什麼在等待著我們毫無概念。

威爾森開始飛行員生涯，是在一九二〇年代，並最終在二戰期間成為將軍。我無意間發現一本威爾森於一九七〇年代自費出版的回憶錄，書名叫《追尋天堂》（*Wooing Peponi*，暫譯），外表看來則像是高中的畢業紀念冊，讀起來像流水帳。而就在書的正中間，威爾森突然饒富興味地提到一個他在飛行生涯頭幾年得出的結論：「（然後）不知從何處，天外飛出了一幅願景。那就像相隔許多年，馬丁．路德．金恩在完全不同脈絡的動人演說中，講出的那句名言：『我有個夢想。』」

威爾森用美國民權運動中最具代表性的瞬間，去比喻了他對空中力量的期許與願景，然後還順便借用了馬丁．路德．金恩的發言句式：

我有個夢想……是國家間相互作戰只為了決定誰說了算，而不是如軍事傳統所堅持的，是要證明誰的武器更強。我有個夢想是重要的國家，作為彼此潛在的宿敵，都能夠工業化，都能夠以同屬一個組織且互相依存的各元素，乃至於這些元素的順暢運作，作為立國之本。我有個夢想是即將來臨的嶄新空戰能力，能夠在現代國家這張互相依存的網中，摧毀一定量的目標。我有個夢想是這種形式的毀滅，還有由此延伸出去的更多可能性，可以讓空戰的受害者開口乞求和平。

不論怎麼看，這段話都說得很大膽。美國當年一共也沒多少軍機飛行員，沒有誰不認識誰。你就當那是個小俱樂部也不過分。一群狂熱分子。而威爾森竟說這個迷你團體用他們搖搖欲墜的飛行機器，就可以改寫戰爭的定義。

「我有個夢想是這種形式的毀滅，還有由此延伸出去的更多可能性，可以讓空戰的受害者開口乞求和平」？他這麼說，意思是他相信戰爭光靠飛機就能打贏。他們可以俯衝下來轟炸選定的目標，讓敵人跪地求饒，而這麼一來，在戰場上屠戮個上百萬人就沒有必要了。

但在這個夢想能成真之前，飛行員們知道他們必須先處理一個問題，一個非常明確的技術性問題，一個重要到可以跟疫苗與肥料一起名列十大科技難題的問題。如果你跟上述的夢想家一樣，也覺得飛機可以促成戰爭革命，可以俯衝轟炸而屈人之兵，那你就必須要有辦法把炸彈投到選定的目標上。而那個辦法是什麼，一時間沒有人知道。

我去請教了麥法蘭，為什麼準確投彈如此困難？他的回答如下：

我覺得很不可思議。我是說，我想你應該看過影片跟電影，裡面的人會說：「把準星對準目標就好，其餘的就交給轟炸瞄準器處理。」但其實要把炸彈準確投中目標，當中牽涉的變數多如牛毛。想像一下你開著自家的車子，以時速六、七十英里行駛在公路上，然後有人要你把某樣東西丟出窗外，並準確命中某個目標。即便那目標可能是道路標誌、行道樹或路邊的任何一樣靜物，你都還是能稍微理解那難度有多高。

想從時速五十英里的車上把空瓶投入垃圾桶，你必須要快速地在腦中完成物理學的計算：垃圾桶靜止不動，但你跟車子正飛快地前行，所以你必須在抵達垃圾桶之前就讓瓶子脫手，對吧？如果你今天是在離地兩到三萬英尺高的飛機上要做類似的事情，你能想像那問題會複雜多少倍嗎？

麥法蘭接續說道：

二戰時的飛機時速大約兩、三百英里，最快可以到五百英里，投彈的高度則可達三萬英尺，落彈過程大概需要二、三十秒，或者（也許）三十五秒的時間。而在這大約半分鐘的時間內，你會不停地遭到射擊。你必須要隔著雲層瞄準目標或是……（避開）防空炮火。你必須辨識出那些誘使你去誤炸的假工廠跟煙幕彈。同時間干擾你的還有其他炸彈造成的煙霧，有你耳邊的嘶吼聲，有各種亢奮，還有戰爭一旦爆發後，各式各樣光怪陸離的事情。

風速可以高達每小時一百英里，這點你也不能不納入考慮。天氣若寒冷，則空氣密度會較高，炸彈的落速也會變慢。如果天氣暖和，那空氣會相對稀薄，炸彈下落也會變快。至於其他你必須思考到的變數還有：飛機是否水平？飛行軌跡是否忽左忽右？忽上忽下？投彈時哪怕是一丁點的誤差，都會讓落彈的位置天差地遠，正所謂差之毫釐，失之千里。而且從兩萬英尺的高空，你哪看得見目標？地面上讓你一眼望不盡的大工廠，到了天上頂多只有郵票大小。早期的轟炸機根本什麼都炸不到。門都沒有。轟炸機飛行員所謂的投彈，差不多就像是閉眼在射飛鏢。所謂飛機可以完成戰爭革命的夢想，是奠基在一個未經測試與證實的巨大假設上：某個時間點上會有某人以某種辦法，思考出如何從高空中以接近準確的方式瞄準要轟炸的目標。這是個可以躋身當時科技願望清單的問題。直到橫空出世了一個……卡爾·諾登。

麥法蘭說諾登用的設計辦法極其單一：

他沒有外援。他凡事都靠一己之力完成。一切的想法都在他腦子裡。

他不做筆記，他連筆記本都沒有。你也沒辦法去看他的資料庫，因為根本沒這種東西。他的腦袋就是儲藏室，而想到那麼複雜的資料要用人腦去裝……我就覺得這事能辦成真是不可思議。但相對於肉眼，工程師有所謂的「心眼」可以在內心看見東西，就像卡爾．諾登所示範的那樣。

我問麥法蘭覺不覺得諾登是個天才。他的回答是：

他會告訴你說上帝才能發明，人類只能發現。所以對他來講，他的成就並非所謂的「天才」。當時若被問到，他肯定會推辭這個頭銜。他不會感謝，也不會接受誰稱呼他是天才。他會說他只是發現了上帝的偉大與上帝的造物；他會說那些願意努力，願意用心靈去尋找真理的人，只是上帝的工具。他會說是上帝透過這些人，向世界揭露了真理。

諾登直到一九二〇年代才開始著手研究轟炸瞄準器的問題。他先是拿下了海軍的合約——但後來服務的對象變成美國陸軍航空隊，也就是美國空軍的前身。他在當年的拉法葉街，也就是如今的紐約蘇活區，設立了據點，並在那裡讓傑作開始萌生。

等到美國正式加入二戰，軍方便開始趕工在其轟炸機上裝設諾登的瞄準器。那些轟炸機大多有著十人的組員配置：正駕駛、副駕駛、導航員、機砲手，還有擔綱主角，負責瞄準轟炸的投彈手。如果投彈手不能把分內工作做好，那另外九個人就等於是白忙了一場。

戰時的一部投彈手軍事訓練影片用敵方目標的空照圖，說明了諾登瞄準器的重要性：

它們其中一處可能是你的目標。這些目標是你來到這裡的理由，是我們在這一間、在許許多多間投彈手學校裡大費周章，組裝出這麼多設備的理由，是教官在這裡訓練你們的理由，是飛行員冒死把你們載去執行任務的理由。

很有可能在不久之後，你們這個房間裡的其中一員，就會看著這些目標跳出螢幕，移動在瞄準器準星的下方。而屆時你負責的那些炸彈，它們會落在何處呢？……跟目標差一百英尺？差五百英尺？那就要看你如何鍛鍊手指跟眼睛，讓它們能配合上內建於諾登瞄準器中的精準性。

諾登瞄準器的官方型號是「馬克十五」（Mark XV）。實際使用它的空軍人員給它起了個綽號，叫「美式足球」。它重五十五磅（將近二十五公斤），下方有一類似平台的東西——一個由陀螺儀保持穩定的密封箱——使其常時保持水平，即便飛機再顛也不受影響。轟炸瞄準器基本上就是一台類比式計算機，由鏡面、望遠鏡、滾珠軸承、水平儀與調控器所組成的緊湊而精細的機械裝置。在移動的飛機上，投彈手會用望遠鏡觀察標的物，然後進行一連串精巧繁複的調整。諾登以六十四款演算法涵蓋了他認為投彈時必須解決的各種問題，包括：風速與風向會如何影響落彈軌跡？氣溫會造成哪些影響？飛機的航速會有什麼影響？操作諾登瞄準器想完全上手，需要為期六個月的訓練。

光看陸航隊的訓練影片就十分燒腦。旁白會說：

先找到地板上的那條線，那就是你起始的瞄準線，然後直接瞄向標的物。我知道：真正在天空中，地上不會有條漂亮又方便的線畫在那裡，讓你好瞄準。但你的瞄準器會提供你相當於那條線的替代品。還記得瞄準器是由兩部分組成的嗎？瞄準器本體下方還有一個平台（穩定器），而那裡頭也有一台陀螺儀，只不過那是一台有著水平軸的陀螺儀。

線上面就是你的瞄準鏡。穩定器固定在飛機的縱軸上。但你可以持續轉動瞄準鏡，好讓它永遠指向標的物。惟瞄準鏡也經由連桿連接到穩定器上。透過這些機構設計，陀螺儀可以控制瞄準鏡的位置，令其永遠指向同一個方向，不受飛機各種大小偏擺的影響。

這一切，都是為了讓投彈手準確知道何時可喊出那句：「投彈完畢！」

麥法蘭解釋了諾登貢獻裡的一項細節：

諾登用六十四個演算法裡的其中一個，考慮到了炸彈從離機到落地的那三十秒。須知在那半分鐘內，地球也是會自轉的。所以他其實是創造了一個公式，並用這個公式告訴你如果炸彈從離機到彈著是二十秒，那地面移動的距離就會是——我隨便亂講啦——十二英尺這樣，而你就要根據目標移動了十二英尺的這項資訊去調整計算機。如果飛機高度是兩萬英尺，那地表移動的距離就可能是二十五英尺。而這一切變數都要餵進計算機。

美軍買了數千具諾登轟炸瞄準器。每次任務前，投彈手都會在武裝人員的護衛下去地窖領用瞄準器，然後用金屬盒裝著帶上飛機。萬一遇到飛機迫降，投彈手的標準作業程序是立刻將瞄準器摧毀，免得它落入敵軍之手，為此有傳言說投彈手會領到一款長十八英寸的爆裂裝置，為的就是這不得已的最後關頭。事實上作為最後的一道預防針，投彈手一律得進行特殊的宣示：「吾誓以至誠會確保任何與所有交付予我的機密資訊都無洩漏之虞；我完全明白我是祖國一項無價之寶的一員捍衛者，並特此宣誓我會不計一切代價守護美國轟炸瞄準器的祕密，必要時，就算犧牲生命也在所不惜。」

就在這樣的詭譎氣氛與神祕色彩中，站著卡爾．諾登，火氣沖沖、不按牌理出牌的諾登。在美國尚未參戰，他還在精進這項發明之際，諾登會偶爾離開曼哈頓，回到他母親位於蘇黎世的家中。麥法蘭說他每次這麼做，美國官員都會「義憤填膺」：

聯邦調查局派員去保護他。英方恐怕認為他是替德國效力的間諜，而（美軍是）擔心英國會想把他抓起來。但他非常堅持，他說：「我就是要去瑞士，你們休想攔住我。」而當然，戰時的法律當時尚未在非屬參戰國的美國生效，所以就法論法，沒有人能阻止他。

美軍為什麼對他如此包容？理由很簡單，因為諾登手握轟炸瞄準器這個聖杯。

諾登有個名叫泰德．巴斯（Ted Barth）的事業夥伴。他是一名業務員，是張外界都熟的臉。而他在美國參戰的前一年宣稱：「我們並不認為某個十五英尺見方的目標……會有多難從三萬英尺的高度炸中。」這話翻譯成易懂的人話——作為諾登傳奇的基礎——就是他的瞄準器可以從六英里的高度炸掉一個醃酸黃瓜的木桶。

對第一代的軍機飛行員而言，此番豪語聽得令人如痴如醉。二戰單一最昂貴的發展計畫，叫作B-29轟炸機，又名「超級堡壘」。第二貴的是曼哈頓計畫——史無前例，要發明並打造全球第一顆原子彈的偉大計畫。那排名第三貴的軍事計畫呢？既不是炸彈，也不是飛機、不是坦克、不是巨砲，也不是船艦。而是諾登轟炸瞄準器——一台由卡爾・諾登那吹毛求疵的想像力所發想出來，五十五磅重的類比式計算機。為什麼一具轟炸瞄準器值得花這麼多錢呢？因為諾登代表一個夢想——戰爭史上一個最強大的夢想：如果我們可以從三萬英尺的高度炸到一個醃酸黃瓜的木桶，那我們就不需要軍隊，不需要送年輕人去戰場上犧牲，也不用任由一座座偉大的城市變成一片片廢墟了。我們將可以重新定義戰爭，讓戰爭變成一件精準、迅速、幾乎不用流血的行當——我是說幾乎。

第二章

我們不會讓傳統阻礙進步

〈一〉

革命不可免的，必然是集體行動。而這也說明了卡爾．諾登是何等異類。單槍匹馬地發起革命，已是鳳毛麟角，在老媽廚房桌上革命的人更是少之又少。印象主義運動在繪畫史上的發軔，可不是因為哪個天才沒事執起畫筆，開始一張張用印象派筆法猛畫，然後就像身穿花衣的魔笛手一樣吸引了一票人追隨，而是因為畢沙羅（Pissarro）與竇加（Degas）同時進入了法國美術學院（École des Beaux-Arts）就讀，接著畢沙羅在瑞士學院

（Académie Suisse）先後結識了莫內與塞尚，馬內則在羅浮宮認識了竇加，莫內在夏爾・格萊爾（Charles Gleyre）的畫室結交了雷諾瓦，雷諾瓦又邂逅了畢沙羅跟塞尚，不多時這一票人開始進進出出蓋爾波瓦咖啡廳（Café Guerbois），並以那裡為據點開始交流理念並相互鼓舞，開始以夥伴的身分彼此分享、競爭、做夢，直到他們當中浮現出一種前所未見的突破。

這是一種常態。葛蘿莉亞・史岱納姆（Gloria Steinem）是女性主義在一九七〇年代早期的代表性人物，但美國女性民選官員的數量翻倍，靠的是什麼呢？靠的是葛蘿莉亞偕雪莉・奇瑟姆（Shirley Chisholm）、貝拉・阿布祖格（Bella Abzug）與坦雅・梅立奇（Tanya Melich）一起創辦的全美女性政團（National Women's Political Caucus）。革命的孕育，靠的是對話、爭辯、確認、逼近，還有夥伴那雙像在告訴你「你方向對了」的眼睛。

對於把現代戰爭革命當成夢想在追求的那群人來講，他們也有一個像蓋爾波瓦咖啡廳一樣，可以跟夥伴在那兒天南地北地爭辯到深夜，並相互在志同道合的眼神中尋找認同的地方。那個地方，是個叫作麥斯威爾機場（Maxwell Field）的空軍基地。當年的麥斯威爾機場，至今仍坐落在阿拉巴馬州的蒙哥馬利。那裡最早是個棉花農園，後來被著名的萊特兄弟歐維爾與威爾伯（Orville & Wilbur Wright）改造成供飛機起降的機場。一九三〇年代，那裡進駐了一個叫作陸軍航空兵戰術學校（Air Corps Tactical School）的機構，你可以將之想成空軍版本的陸軍戰爭學院（位於賓州卡萊爾）或海軍戰爭學院（位於羅德島新港）。該基地迄今都還大致維持著建成之際，一九三〇年代的原貌：一切本體都是淡黃色的混凝土或灰泥，上頭有紅色瓦片屋頂。數百棟蓋給軍官使用的別緻房舍採取了法式鄉村風格，矗立在迂迴曲折，沿路有整排巨大青剛櫟樹的靜謐街道上。夏天的空氣厚重而潮濕。這裡是阿拉巴馬的深處，構成阿拉巴馬州議會的宏偉十九世紀建築就在路的盡頭，距離不過幾英里之外。這裡一點都感覺不到是什麼革命的誕生地。

但它就是。

想當年，美國並沒有獨立的空軍。所謂的「空軍」只是隸屬於陸軍底下的戰鬥部門，其存在是為了服務地面部隊，是要支援、輔助、偕同陸軍作戰。於一戰中擔任美國遠征軍總司令的陸軍名將約翰·「黑傑克」·潘興（John "Black Jack" Pershing）曾提筆評論過空中力量，他說空軍「無法靠自身的力量贏得戰爭，而且這一點不僅此刻成立，也將在我們能預見的任何未來成立」。[1] 這就是當年美軍體系中對飛機的主流看法。在美國空軍擔任首席史官長達十年的理查·柯恩（Richard Kohn）解釋說在早期，眾人就是那麼對空軍一無所知：

我記得有名國會議員被引用了這麼一個說法：「為什麼關於飛機要有這麼多爭議？我們就買一架給各軍種一起用，不就完事了？」

陸軍航空兵戰術學校原本不在阿拉巴馬，而是在維吉尼亞州的蘭利。蘭利原址的機棚外有馬廄，因為飛行員要學騎馬，就像時光倒流回十九世紀一樣。你能想像陸航隊的弟兄——當時一共只有幾百人——的內心感受嗎？他們相信只要自己還是陸軍一員的一天，指揮他們的就永遠會是那些不會開飛機、不了解飛機、只會要他們每天早上幫馬梳毛的傢伙。飛行員想要當家作主，想要自立門戶。而獨立第一步就是把訓練學校搬得——在物理空間與部隊文化上——離陸軍愈遠愈好。麥斯威爾機場原本是個棉花園，而且還位在美國南方讓人打呵欠之一角的事實，如果用現代人的話來形容的話，就是不但不扣分，反而還大加分。

陸航隊是支年輕的部隊，所以戰術學校的教職員也都很年輕——二字頭跟三字頭的一堆，充滿了年輕人的抱負。他們會在週末買醉，會把開戰機當成消遣，開起車來會你跑我追。他們的座右銘是：我們不會讓傳統阻礙進步。陸軍航空兵戰術學校的領導階層身上有張標籤，叫作「轟炸機黑手黨」（Bomber Mafia）。這並不是在恭維他們——要知道那是個艾爾．卡彭（Al Capone）與「幸運」．魯西安諾（Lucky Luciano）等美國黑幫老大呼風喚雨、黑道角頭會在街頭駁火的年代——但陸航學校的教官覺得這有如亡命之徒的標籤還挺適合他們的，於是這稱號就流傳下來了。

1. 這句話引用自一九二〇年一封由潘興寄給美軍陸航隊隊長的信函，當中他表示陸航隊不該獨立出去，而應該「繼續作為陸軍的一分子」。他認為陸航隊既是為了輔助陸軍而存在，那就應該繼續聽從陸軍指揮：「為了求勝，空中力量必須與其他戰鬥部門一樣，在完全一樣的條件下接受陸軍司令部的統一管控，理解相同的紀律，採取一致的行動。」

哈洛．喬治（Harold George）作為轟炸機黑手黨的一名精神領袖，是這麼說的：「我們有很高的熱忱，我們開啟的，就像一趟十字軍東征⋯⋯我們心知肚明的是自己只有寥寥十幾人，而我們的對手嘛，也不多啦，就是一萬名軍官跟其餘的所有陸軍，還有海軍。」

喬治出身波士頓。他是在一戰時從軍，自此便迷上了飛機。他從一九三〇年代初期開始在陸航學校任教，並在二戰期間晉升為將官。戰後他去替知名的商業大亨霍華．休斯（Howard Hughes）工作，一手設立了休斯旗下的電子產品公司。然後喬治又跳出來，自己開了家電子公司，還變成了美軍的大包商。但我覺得他最強的是：他兩次當選比佛利山市長。

這是同一個人，在同一輩子裡完成的事情。但如果你問哈洛．喬治他生涯的亮點是什麼，他多半會說是一九三〇年代在麥斯威爾機場，那段腦充血的教官歲月。

如他在一九七〇年的一段口述歷史中所云，「我們在幹嘛，好像沒有一個人知道，但也因為這樣，沒有人來跟我們說要換一種教法。」

就層級而言，陸航戰術學校是一所大學，一所學院。但當中有任何一點教學經驗的教官並不多。同時因為他們在教的東西實在太新穎，太走在時代尖端，所以既沒有教科書可依循，也沒有文章可以讀取。這麼一來，他們只好急就章——就像英文成語說的 on the fly，也就是在空中邊飛邊找方向。老師講課慢慢變成了小組討論，小組討論又變成了大家都可以暢所欲言，而且白天欲罷不能，晚餐時間還可以接著聊。這就是常見的狀況：對話開始埋下了革命的種子。這群人開始偏往了各種他們任何一個男女個體，都不可能想過要隻身一人踏上的方向。

唐諾．威爾森是轟炸機黑手黨小圈圈裡的另外一名成員。就是他，後來在回憶錄中提到他有過一個夢想是看到一種不一樣的戰爭。他在回憶那段日子的時候說到：

我感覺相當確定的是，如果戰爭部的參謀總部長官知道我們在麥斯威爾機場幹嘛，我們通通都會被送去吃牢飯，因為我們的一言一行，都跟他們確立的行事方針大相逕庭，我不敢想像他們會知情而默許。

〈二〉

關於二十世紀前半的軍機，很多人第一個聯想到的就是戰鬥機：身形嬌小而具有高度操控性，可在空中與敵機接戰的飛行器。但在麥斯威爾機場的那群陸軍邊緣人可不這麼想，他們念茲在茲的是一九三〇年代，方興未艾的航空科技進展。鋁跟鋼取代了三夾板。引擎變得更加有力。機體不僅變大也變得更容易控制。新飛機有了可伸縮的起落架，有了加壓的機艙。

而這種種進步，都促使轟炸機黑手黨開始想像一種身形大小媲美剛開始穿梭全美各地載送客人的商業客機，完全不同等級的軍機，而這種強大的軍機將不同於與其他敵機周旋的小戰鬥機，它們將可以把炸彈載上天，然後用那些殺傷力強大的重型炸彈去重創在陸地上的敵方據點與人員。

是說，為什麼這種戰機構想會極具殺傷力呢？那是因為一旦把強力的新型引擎裝到巨大的新型軍機身上，那些軍機便能飛得又遠又快又久，期間根本沒人攔得住它們。空對空的機槍打在他們身上，就像BB槍。敵方的戰鬥機會像討人厭的小飛蟲，嗡嗡嗡但起不了作用。這種天際的龐然大物會有厚厚的護甲，前後都設有機砲來防身。由此我們便能得出轟炸機黑手黨的天字第一號信條：**轟炸機永遠能如入無人之境**。

第二項信條：在此之前，大家都以為想轟炸敵人又能保證自身安全的唯一辦法，就是摸黑。但如果轟炸機能做到沒有天敵，那還需要偷偷摸摸的嗎？轟炸機黑手黨想要在光天化日下出擊。

第三項信條：如果可以白天進行轟炸，那你就可以看清楚自己要炸哪。你不再是個瞎子。而且既然看得到，那就代表你可以使用瞄準器——對準目標，輸入必要的參數，然後讓瞄準器發揮作用——轟！

最後的第四項信條：傳統智慧說當轟炸機接近目標時，機身必須盡可能降低高度來提高瞄準的精確度。但有了瞄準器，你想從什麼高度投彈都行——不用冒險進入防空砲火的射程。記得嗎？我們可以從三萬英尺炸掉酸黃瓜桶。

高空、白日、精準轟炸。這就是轟炸機黑手黨在阿拉巴馬中央所烹煮出的配方。

歷史學者理查．柯恩這麼形容轟炸機黑手黨：

他們是合議制。我甚至會形容他們是「一幫弟兄」。但如果他們的信條你不買單，事實上他們當中有些人自己也不買單，那你就……也許不見得會被逐出幫外，但你會被懷疑，會被針對。

陸航戰術學校的教職員裡有一名飛行員，叫作克萊爾・陳納德（Claire Chennault），他就敢於挑戰轟炸機黑手黨的正統信念，結果人就被他們轟走。柯恩接著說，「他們是不安於室的一群。他們投入了公關活動，包括有些人以假名撰文推廣空中力量。」

我一直沒有真正意識到轟炸機黑手黨在想法上的膽大包天，直到我去了一趟麥斯威爾。如今那裡已從麥斯威爾機場，搖身一變成為麥斯威爾空軍基地，以那兒為家的有美國空軍大學，也就是陸航戰術學校的後繼者。世界各地都有人專程來此求學，而其師資中有不少人是全美首屈一指的軍事史家、戰略專家與戰術學者。某天下午我與一群麥斯威爾的教授們齊聚在會議室裡，轟炸機黑手黨當年暢所欲言的地點舉目可及。初代陸航戰術學校的所有原始紀錄，都藏於校方資料庫內，而我請益過的歷史學者都翻閱過轟炸機黑手黨的田野筆記與課堂演說。他們聊起唐諾・威爾森跟哈洛・喬治，就像他們生在同一個時代似的。他們全都對這些歷史人物瞭若指掌，正所謂尚友古人，但我注意到這兩代人之間有一點差別。我見教的其中幾名歷史學者本身是空軍飛官出身，他們駕馭過先進的戰鬥機與隱形轟炸機，還有要價數百萬美元一架的運輸機，所以當論及空中力量時，他們的發言非常具體，畢竟那都是他們的經驗之談。

但回到一九三〇年代，轟炸機黑手黨所高談闊論的全是理論，全是他們「希望」能出現但還沒出現的東西。全是夢想。

理查・穆勒（Richard Muller），在空軍大學裡教授空中力量史的老師，是這麼說的：

停機坪上沒有一款機型可以跟他們所想的機型相提並論。他們就像嗑了快克古柯鹼。你可以試著捫心自問，如果你去到博物館、飛航博物館——跑一趟不論是彭薩科拉（Pensacola，美國海軍重鎮）、〔國家〕航太博物館，或是萊特—派特森（Wright-Patterson）空軍基地——看看上世紀三〇年代初期，他們冒出這個主意時，當時的飛機長得什麼模樣，我想你的反應一定會是：什麼鬼？那些傢伙到底是吸了多少毒？

跟軍事史學者聊天一個意外的樂趣，就在於他們對自己所屬的體制是多麼沒大沒小。穆勒接續說：

當時就是有這麼一種信心，他們覺得自己會成功。他們不確定方法在哪兒，也不確定目標在哪兒，但他們就是覺得事情能成。而在他們所屬的時空當中，這麼想並不算是特別的夢幻，有這種自信也不算特別的離譜。但話說到底，現身在這群人當中一樣重要的東西，是對科技進步與物質發展的一股信念，他們相信自己一定能等到對的飛機。他們從 B-9 到 B-10 到 B-12 再到 B-15 的原型機，到 B-17 乃至於 B-29，只花了大約十年，仔細想想這是很誇張的事情。

〈三〉

關於轟炸機黑手黨的想法到底有多極端——多具革命性，我擔心我可能說得還不夠清楚，所以請容我在此離題一下。我想說的是有本我一直很喜歡的書叫《戰爭的面具》（*The Masks of War*，暫譯），作者是名為卡爾．比爾德（Carl Builder）的政治學者。比爾德替蘭德公司（RAND）工作過，那是個於二戰後成立於聖塔莫尼卡，為五角大廈服務的外圍研究機構。

比爾德認為你想要了解美國的陸海空三軍如何運作，並據此做對決策，你就必須要先知道此三軍種的文化有多「不一樣」。而為了證明這一點，比爾德說，大家應該去各軍種的軍校校園裡，看看各自的教堂長得什麼模樣。

深具歷史的西點軍校作為美國陸軍軍官的搖籃，其教堂矗立在高聳於哈德遜河之上的絕壁，制霸著西點校園的天際線。該教堂落成於一九一〇年，一派宏偉的哥德復興式建築風格，建材完全使用沉穩的灰色花崗岩，窗戶則設計得崇峻細瘦。這教堂散發著一種中世紀要塞的陰鬱之力——厚實、素樸、不動如山。比爾德寫道：「這個靜謐之所適合簡單莊重的典禮，適合那些相偎相依之人，也適合那些與滋養他們成長之土地有著深厚情感之人。」

那說的就是陸軍：愛國心切、凡事以效忠國家為本。

然後是位於安納波利斯，海軍學院的教堂。海軍學院的教堂幾乎與西點軍校的教堂建成於同一個時期，但規模大上許多、恢弘許多。這教堂走美國布雜藝術（Beaux-Arts）的學院派風格，看得到巨大的圓頂，一如遠在巴黎傷兵院（Les Invalides）作為其靈感來源的軍事教堂。彩繪玻璃窗的面積極大，極佳的採光因此能照進精雕細琢的華美內裝。這非常海軍作風：高傲、獨立、有胸懷世界的豪情壯志。

將這兩者對比位於科羅拉多泉，空軍學院的學員教堂，你會發現後者完全是來自另一個宇宙的東西。空軍學院教堂建成於一九六二年，但如果我騙你說它上個月才完工，你一樣能毫無違和感地讚嘆：「哇，這建築真有未來感！」空軍學院教堂看上去，就像有人把一整中隊的戰鬥機排得像骨牌一樣整齊，並且機鼻通通朝向天際，彷彿下一秒就能發出震耳欲聾的引擎聲，瀟灑地凌空御風而去。教堂內部的彩色玻璃不下兩萬四千片，顏色也有二十四種，而在最前面，是一枚高四十六英尺、寬十二英尺的十字架，且其橫梁看起來就像螺旋槳葉。出了教堂，四架戰鬥機神采飛揚地停在那裡，就好像飛行員們剛剛心血來潮，說降落就降落來參加主日早上的聖禮。

為空軍學院教堂操刀的現代主義建築師，是一名才華洋溢的芝加哥子弟，名叫華特・納什（Walter Netsch）。納什得到的創作自由與預算上限，不下於空軍通常給予隱形戰機設計師的待遇等級。

一九九五年，納什在訪談中回憶了那宗委託案：

跟著我一起回到家的，是一種深切的感受：我要怎麼在如今這個科技時代，創作出一個啟發性與雄心壯志都不遜於夏特[2]的傑作呢……？在此同時，我跟我的工程師在芝加哥這兒得到了「四面體」的靈感，看怎麼樣能把一個個四面體拼組出意義？

你覺得空軍究竟是什麼樣的一個軍種，才會選在科羅拉多高原的中間用直立戰機的形狀蓋出一座鋁跟鋼的教堂？卡爾．比爾德在他的書裡，問的就是這個問題。而他的結論是：這群人千方百計，就是想與眾不同，就是拚了命想跟傳統的陸軍跟海軍做出區隔。再者，空軍也對傳承跟傳統毫無興趣。相反地，他們要的是走在時代的尖端。

納什對整座空軍學院教堂的設計，完全依托著一個個長達七英尺的金字塔型模組，也就是他說的四面體！這支軍種適合想重新來過，適合想打一場新式戰爭，適合想讓自身為現代戰鬥做好準備的成員。他們不會花時間去研究伯羅奔尼撒戰爭或特拉法加戰役。空軍念茲在茲的是明天，是明日的科技可以如何為今日的空軍所用？那納什的教堂建成後，發生了什麼事呢？它出現了各式各樣的結構問題。不然呢！就跟某些劃時代的電腦程式碼一樣，空軍學院教堂也需要除錯。

對此納什解釋說：

> 進入科技，有時代表著進入麻煩……我們遇到的狀況是，水說漏就漏。而〔我們〕會搭機飛到科羅拉多泉，住進便宜的小汽車旅館，然後等下雨。雨一下，我們就衝到教堂——那是一棟大建物——嘗試在

---

2. 譯註：Chartres，指位於巴黎西南方約七十公里處的夏特聖母主教座堂（Cathédrale Notre-Dame de Chartres）。

內部找出漏水的點……我必須寫份報告，而那些漏水讓我心裡很痛。我稱之為〈關於空軍學院教堂的水流遷徙報告〉。想當然耳，我這種粉飾太平的說法被很多人酸。但我們發現的是……每組四面體都會迎風晃動。教堂的上方風勢很強，建築會多面受風。加上教堂的長度很長，所以有可能前面往這邊倒，後面往另一邊倒，所有組件相連的這些「關節」，也正是所有玻璃途經之處。

所以我們最終的決定，是應該在玻璃窗戶上弄一個塑膠材質的巨大遮罩，藉此追本溯源地根治許多問題，主要是窗框裡的每一片小玻璃，還有每樣東西，都不用多久就會開始漏水。他們後來去裝上了那些長型的塑膠面板，對主要問題產生了很大的效果。

這「非常」空軍。你在二十世紀中期蓋了一座二十一世紀的教堂，而太前衛的結果就是你必須先重新分析天氣模型，然後用工程手法去繞過問題。我想說的是——這些極端創新的心態來自何方？答案是就來自陸軍航空兵戰術學校，就來自從一九三一颳到四一年的那陣智識旋風。就在那些研討會的現場跟持續到深夜的激辯中，誕生了屬於現代的空軍文化。新一代的空軍會把戰爭帶到空中，會將其他的軍種拋在後頭。只要你往空軍學院教堂內的聖所裡一站，抬頭仰望天花板上那整排直衝天際的鋁金屬，你馬上就會懂。

在此同時，海軍學院都在忙些什麼呢？他們在用手把教堂的黃銅欄杆擦得閃亮。

〈四〉

一如所有革命團體，轟炸機黑手黨也有他們定義性的傳說，一個起源的故事。而一如所有起源的傳說，那或許不完全符合史實，但總之那故事是這樣說的：

在一九三六年的聖派翠克節當天，匹茲堡爆發了一場水災。那真的是場災難。匹茲堡本身的特別之處，在於該城位於俄亥俄河這條大河的源頭，而俄亥俄河又是由兩條河匯流而成，它們分別是莫農加希拉河（Monongahela）跟阿勒格尼河（Allegheny）。而就在聖派翠克節當天，那個匯流處漲起了巨大的洪流。

空軍一般不是那麼關心地面上的天災。颶風，也許。暴風雨，還行。至於洪水這種東西，基本上是陸軍的事情。但匹茲堡的那場洪水是個例外，因為那場水災的一個奇特後果，對在麥克斯威爾機場醞釀的革命事業，產生了巨大的影響。話說從頭，這是因為沿著河岸，在被洪水倒灌摧毀的數百棟建築中，有一座工廠屬於一家名叫漢默頓標準（Hamilton Standard）的公司。漢默頓標準是美國的彈簧大廠，專門生產一種用於可變距螺旋槳的彈簧，而可變距螺旋槳又是當時多數飛機的標準配備。所以說一旦漢默頓標準生產不了可變距螺旋槳需要的彈簧，就沒有人做得出可變距螺旋槳，再來就是沒有人做得出飛機。匹茲堡的洪水讓一九三六年的美國航空製造業徹底停擺：只因為少了一枚彈簧，飛機產業就當場名存實亡。

此時在南邊的阿拉巴馬，轟炸機黑手黨看著發生在漢默頓標準身上的一切，眼睛亮了起來。他們當中花最多時間在思考那家彈簧工廠的，莫過於唐諾・威爾森，而發生在匹茲堡的一切讓他意會到一件事情。在傳統的定義中，戰爭是將完整的軍事力量投射到敵方身上，直到敵方的政治領導階層投降。但威爾森想——那真的有必要嗎？既然只要摧毀生產螺旋槳彈簧的匹茲堡工廠，我們就能癱瘓一整支空軍，那如果我們能確認出十幾個類似的重要標的物，也就是他口中的「咽喉點」（choke point），那我們就能經由轟炸去癱瘓敵對的國家。從這樣的構思出發，威爾森設計出了轟炸機黑手黨很著名的一個思想實驗。而且別忘了，這些人能做的也只有思想實驗，真正的轟炸機他們一架都沒有。更別說他們沒有真正的敵人、沒有真正的資源，他們只能空談。

在這場思想實驗中，威爾森設定的目標是美國東北部的製造業重鎮：

話說，當我們開始將這個想法理論化時……我們並沒有任何可能敵人的空軍情資。因此我們有一樣東西在手……一個可能遭到敵人攻擊的單位。而為了說明這個概念，我們姑且假設某敵國會在加拿大設下據點，而我們這個位於東北部工業區的單位就落在該據點的攻擊範圍內。

所以在這場思想實驗中，敵軍位於加拿大——就說在多倫多好了。多倫多與紐約市的直線距離是三百四十英里，輕輕鬆鬆就落在轟炸機黑手黨夢想中飛機的攻擊半徑內。一隊轟炸機從多倫多起飛，可以在單趟任務內造成多大的損害呢？

一九三九年四月於陸航戰術學校舉辦的一場為期兩天的簡報中，他們嘗試要回答這個問題。

我跟歷史學者勞勃．帕普（Robert Pape）論及了這場思想實驗，他著有一本書叫作《轟炸致勝》（*Bombing to Win*，暫譯），講的是陸航戰術學校很多創見的起源。帕普對這場簡報做了以下的描述：

> 他們所聚焦的轟炸目標，首先是橋梁，再來則是水道。輸水道的轟炸之所以重要，是因為他們想大規模造成紐約居民的乾渴。他們基本上想要創造的，是一種飲用水無處可尋的處境。然後第三點，他們會鎖

定電力設施。

他們真正在探討的不是轟炸的心理學，也不是轟炸的社會學。他們甚至不是真正在研究轟炸的政治學——亦即他們在意的不是轟炸會對人口、社會與政府造成什麼樣的影響。他們真正關心的是當時的轟炸科技，可以讓他們命中哪些標的。

負責這場簡報的，是轟炸機黑手黨裡的一名重要幹部，穆以爾·費爾柴德（Muir Fairchild）。費爾柴德認為水道是最明顯的目標，須知服務紐約市的水道系統有九十二英里長。再來就是電網。費爾柴德讓學生看向了一張圖表：「空投炸彈 vs. 紐約市地區的牽引電網」。

費爾柴德下了個結論：「我們可以看到這十七枚炸彈如果都能投放到正確的位置，那不僅整個紐約都會區幾乎盡數斷電，就連外界想向紐約輸電都會遭到阻絕！」

僅僅十七枚炸彈！傳統的想法是你必須要炸翻整座城市——用又貴又危險的一波波轟炸把城市化為一片廢墟。費爾柴德的見解是，如果你可以靠著情資、諾登瞄準器的魔法，還有十七顆炸彈去一口氣癱瘓一座城市，那像傳統那種大費周章的做法還有必要嗎？帕普告訴我的是：

他們絕對認為可以單靠轟炸機或空中力量就贏得戰爭的勝利。他們的想法是這樣子贏下戰爭，就可以避免掉一戰中那種大規模的殺戮，他們不想看到的是大軍與大軍進行年復一年的正面衝突，然後讓數以百萬計的生命葬送在宛若絞肉機的壕溝內。

由此你可以看出何以唐諾·威爾森會半開玩笑半認真地說，如果陸軍知道他們在麥斯威爾「搞什麼飛機」，轟炸機黑手黨肯定會通通被關進牢裡。因為這些人技術上也是陸軍的一分子，但滿口卻都說著陸航以外的人員都沒有存在必要的思想。你可以把數十萬大軍沿著美加邊界集結，讓他們配備戰車大砲跟各種你想像得到的武器，但轟炸機卻可以飛過他們頭上，撐跳過所有傳統的防禦，然後用十七次精準打擊癱瘓掉前線後方數百英里處的敵人。

塔蜜．比德爾作為在美國陸軍戰爭學院講授國家安全課程的教授，對轟炸機黑手黨的心理有如下的解釋：

我認為他們內心有一份對美國科技的憧憬，也認為他們的想法裡有一股強大的道德元素，他們渴望著找到一種辦法來打一場乾淨的戰爭，一場不會玷汙美國名聲的戰爭，因為他們心目中的美國是一個道德的國度，是以對個人權利的思想、意識形態與承諾立國，對生命有一份尊重的國度。

轟炸機黑手黨——雖然名字聽起來很嚇人——但他們一點也不人多勢眾。頂多就是十來個人，而且全都或多或少住在走路就能互通有無的地方，就在麥斯威爾機場那靜謐的林蔭街道上。陸航戰術學校也不是什麼大學校，它從來沒有像西點軍校一樣孕育出一代又一代的陸軍軍官。在其短短二十年的歷史中，陸航戰術學校只培養出一千出頭的畢業生。要是二戰沒有發生，歷史完全可以掩埋掉這一小撮人的夢想與理論。

但二戰發生了。希特勒入侵波蘭，英法對德宣戰，然後在一九四一年的夏天，美國參戰已經是箭在弦上，不得不發。而既然要參戰，美國就肯定需要強大的空中機隊。但怎樣的機隊算是強大呢？飛機需要多少架呢？

為了回答這個問題，華府的陸軍高層急忙找上了唯一可能有概念的一群專家：阿拉巴馬麥斯威爾機場，陸航戰術學校的講師。

於是轟炸機黑手黨去了華府，拿出了一份驚人的文件，供美國作為在二戰空戰中的模板。那份文件名為〈空戰計畫第一部〉（Air War Plans Division One），縮寫為AWPD-1。該計畫書詳細鋪陳了美國需要多少架飛機——包括戰鬥機、轟炸機、運輸機——多少名飛行員、多少噸的炸藥，還有根據咽喉點理論，這些炸藥要用於哪些德國目標：五十座電廠、四十七張運輸網、二十七座合成油煉油廠、十八條飛機組裝產線、六座煉鋁廠、六處「鎂金屬來源」。而如此讓人看得瞠目結舌的計畫，從頭到尾寫成只花了九天——這種非凡的成就只有一種可能，那就是你已經花了十年的時間窩在阿拉巴馬中部閉關，就等一個出仕的機會。

轟炸機黑手黨早已備戰完成。

第三章
他欠缺人類同理心的連結

一名英國摩托車信差駛到我在倫敦郊外，位於科姆堡（Castle Combe）的官邸。而他捎來的訊息是出自〔哈普．〕阿諾將軍之手，其破譯之後的內容說：「明天早上到卡薩布蘭加見我。」

——美國陸航艾拉．伊克爾將軍

〈一〉

當時屬於法屬摩洛哥的卡薩布蘭加，是邱吉爾跟小羅斯福在一九四三年一月密會的地點。戰事剛剛開始轉而對盟軍（同盟國聯軍）有利，而這兩位領袖的會面，為的是替二戰擘畫勝利的最終章。邱羅兩人都帶了高階將領同行，其中小羅斯福帶的是統領美國所有空中力量的哈普．阿諾（Hap Arnold；全名是亨利．哈利．阿諾〔Henry Harley Arnold〕）將軍。而如今會議開到一半，阿諾將軍為了示警而發出緊急電報給他最倚重的幕僚。

艾拉．伊克爾（Ira Eaker）是畢業於麥斯威爾機場陸航戰術學校的高材生。伊克爾是轟炸機黑手黨的創始成員，是日間高空精準轟炸的忠貞信徒。而他更是第八航空隊的主官——第八航空隊是駐於英國的轟炸機隊，其任務正是炸毀在 AWPD-1 裡面描述的所有目標。

> 到卡薩布蘭加來，給伊克爾的訊息說，馬上。

伊克爾回憶說：

卡薩布蘭加的密會被他們重重保密到家，以至於我剛聽到這地名，根本毫無頭緒。但我知道我最好聽話。於是我電話拿起來，打給了〔費德列克·路易斯·〕安德森（Frederick Louis Anderson）將軍，也就是轟炸機的指揮官，而我說：「你從巴溫頓（Bovington）派個人開 B-17 來接我，今晚午夜我要出發去卡薩布蘭加，明早天一亮要到。」

伊克爾一到卡薩布蘭加，就直奔阿諾將軍的別墅。

此時阿諾將軍說：「壞消息，孩子。總統剛剛在英國首相的敦促下同意了，我們將中止日間轟炸，而你要去 RAF 報到，跟他們一起進行夜間轟炸。」

RAF就是英國皇家空軍。讓伊克爾跟他的同學在麥斯威爾機場魂縈夢牽的構想，並沒有對在大西洋彼岸的盟友產生相同的說服力，英國人對於精準轟炸之舉滿是懷疑。他們從來沒有青睞過諾登瞄準器。他們從未受到從三萬英尺高處炸中醃黃瓜桶那一幕的挑逗。轟炸機黑手黨說你要摧毀敵人的意志力，就要癱瘓他們的經濟——用高超的技術炸掉他們的輸水管道與螺旋槳彈簧工廠——讓他們難以為繼。他們認為現代轟炸科技可以讓你縮小戰爭的範疇，但英國人英雄所見不同，英國人認為有轟炸機隊的好處在於你可以「擴大」戰爭的範圍。他們稱之為「區域轟炸」（area bombing），說白了就是無差別的狂轟濫炸，炸到哪兒算哪兒。飛行員的工作就是把炸彈通通投光，然後收工返航。

區域轟炸不是在白天進行，因為反正沒有特定的轟炸目標，你看得那麼清楚幹嘛？而且區域轟炸顯然是針對平民。皇家空軍說你「應該」炸住宅區，而且要夜夜不停地轟炸，轟炸到敵人的城市剩下一片瓦礫。然後敵人的意志就會陷入谷底，直至舉國放棄。後來英國人覺得區域轟炸還是不夠委婉，所以他們又想了一個名稱叫作「士氣轟炸」（morale bombing）——其轟炸的意圖在於摧毀敵人的住宅與城市，讓敵國的居民陷入絕望的狀態。

英國人覺得美國的轟炸機黑手黨簡直是瘋子。他們不懂這些人為何要為了炸那些很難擊中的目標，而甘冒白天出任務的危險。英國人想打贏戰爭，而他們覺得美國人好像是來開大學部的哲學研討會。

所以在卡薩布蘭加，邱吉爾對小羅斯福說：夠了，現在開始我們怎麼做，你們就怎麼做。於是在慌亂中，阿諾將軍召見了他在歐洲的指揮官，艾拉·伊克爾，把壞消息告訴了他：勝出的是區域轟炸。

但艾拉·伊克爾可是轟炸機黑手黨的成員，他沒打算就這麼放棄。

伊克爾的原話是：

我說：「將軍，這道理說不通。我們的飛機沒有夜間轟炸的配備；我們的組員沒有接受過夜間轟炸的訓練。我們穿越濃霧去轟炸這座黑夜中的孤島，死傷可能比我們白天去攻擊德國目標還慘重。」我說：「如果他們要犯這種錯誤，請別算我一份。我不玩。」而他說：「我就猜到你會有這種反應……你剛剛說的理由，我完全明白。但……既然你在意到這種程度，我替你約約看明早跟首相當面懇談。」

伊克爾回到他的寢室，徹夜未眠的他草擬了一則給邱吉爾的回覆。沒有人不知道邱吉爾閱讀的極限是一頁，所以他的這則簡報必須夠「簡」。還必須夠有說服力。

所以當我報到入室後，老首相走下了樓梯——背景是高高的玻璃窗與照耀穿過柳橙樹叢的陽光——身著空軍准將制服的他看來精神奕奕。我知道他有這種愛好——接見海軍穿海軍制服，接見空軍換空軍制服，以此類推。嗯，他開了口，「將軍，我聽你的長官阿諾告訴我說，你很不開心我敦請你們的總統，讓他中止你們的日間轟炸行動，還要你加入〔亞瑟・〕哈里斯元帥率領的皇家空軍進行夜間轟炸。」我說：「是的，首相先生，您說的沒錯。而我在這裡寫下了一頁我不開心的理由。而我在英國待了這麼久，深知您是那種遇事會正反兩面意見都聽完才定奪的長官。」於是他在沙發上坐下，拿起了我準備的單張簡報，叫我在他旁邊坐下，然後開始讀了起來。而他跟某些長輩一樣，讀東西都會稍微唸出聲音。

所以伊克爾寫了什麼？他寫下了他能想到最基本的論述。「我說如果英國人晚上炸，美國人白天炸，那轟炸就會日以繼夜，讓那些惡魔永無寧日。」

讀到這一節時，邱吉爾重複了一遍，就像他想要確認當中的邏輯對不對一樣。然後他轉頭看向伊克爾。

他說：「你還沒說服我你是對的，但你說服了我給你再一次說服我的機會。所以今天午餐我見到你的總統時，我會跟他說我收回成見，先不反對白天轟炸，也先不要求你加入皇家空軍的夜間轟炸。我會提議讓你繼續一段時間。」

美國人獲得緩刑，千鈞一髮。

〈二〉

暫且想像一下你身處於轟炸機黑手黨此刻的立場：艾拉．伊克爾、海伍德．漢賽爾、哈洛．喬治、唐諾．威爾森，還有來自陸軍航空兵戰術學校的每一位。他們一路與堅實的盟友並肩作戰要擊敗納粹，但盟友卻似乎無法理解他們在戰爭概念上的進展。

剛抵達英國時，伊克爾住在其皇家空軍同儕，綽號「轟炸機哈里斯」的亞瑟．哈里斯家中。他們每天早上都會一起駕車到位於海威科姆（High Wycombe）的轟炸總司令部。

歷史學者塔蜜．比德爾解釋說：

這很不尋常。艾拉．伊克爾跟亞瑟．哈里斯有著南轅北轍的轟炸理念，但這卻沒有妨礙他們成為至交好友。他們是真的欣賞彼此的為人。事實上有一回哈里斯曾告訴伊克爾：若〔吾妻〕吉兒跟我有什麼不測……希望把〔我女兒〕潔琪託付給你，做她的教父（乾爸爸）。於私，這是段很有趣的關係；但於公，兩人絕不是什麼志同道合。

哈里斯元帥對「士氣轟炸」的堅信不移，肯定讓伊克爾心裡很不是滋味，或至少讓他不能理解。你可知英國剛歷經過什麼？沒錯，就是倫敦大轟炸。倫敦大轟炸就是標標準準的區域轟炸。一九四〇年九月四日，希特勒放話說：「終有一刻，我們兩邊要倒下一個，而那絕對不會是國家社會黨（納粹）的德國！」然後在一九四〇年秋天，他派了德國轟炸機，如雷鳴般飛越倫敦上空，投下了五萬噸的高爆彈，外加不下百萬枚燃燒彈。

希特勒相信，只要納粹炸翻工薪階級聚集的東倫敦，英國的民心士氣就會土崩瓦解。而由於英國也相信同一套理論，所以他們很擔心倫敦大轟炸會讓他們一口氣輸掉整場戰爭。英國政府預估有三到四百萬的倫敦居民會逃離家鄉。官方甚至進駐了倫敦外圍一圈的精神科醫院，來迎接他們預期中的驚慌與崩潰人潮。

但實際上發生什麼事呢？沒太多事！慌亂始終沒有出現。如一九四〇年一部由英國政府拍攝的影片所顯示，「倫敦昂首甩掉了她頭髮上，昨夜留下的瓦礫，統計了造成的破壞。倫敦又被摧殘了一整晚。一名拳手夠不夠偉大，就看他能不能被擊倒再站起來？那對倫敦是每天早晨的家常便飯。」

精神醫院被改成了軍事用途，因為沒有病人上門。婦孺被部分疏散到鄉間來躲避轟炸，但大多數居民都還在倫敦。隨著倫敦大轟炸持續進行，也隨著德國人愈打愈兇，英國政府觀察到一個現象令他們大為驚奇——民眾面對轟炸不僅展現勇氣，甚至還顯出一種無所謂的感覺。

帝國戰爭博物館後來訪問了許多倫敦大轟炸的倖存者，包括名喚艾爾西．伊莉莎白．佛爾曼（Elsie Elizabeth Foreman）的女子。根據她的描述：

我們原本一天到晚往防空洞躲。但他們漸漸炸得有點零零落落，我們也開始有點見怪不怪，我想這麼說應該不過分。我們有時候就在床上等轟炸過去，想跳舞的人還是會去，〔遇到〕空襲就自己決定，想走的可以走，大概是這樣。電影院也是一樣，如果上電影院……我們也是坐得好好的。我們不會一怎樣就往外衝什麼的，除非真的被炸到第二遍，我想。其實我們第一遍也不算真的被炸到，那只是玻璃……我們姊妹裡的一個——回到家的她在掃碎玻璃，因為所有的窗戶都被炸進了屋內，但她是把玻璃掃到了外頭的路緣。而我大姊見狀也跑了出去——此時空襲警報還沒解除。她們倆一言不合大吵了起來，原因是掃地的那個把大姊最棒的高跟鞋穿了出去，那年頭高跟鞋就跟絲襪一樣，可不是有錢就買得到……她們身邊還在四處落彈，而這對姊妹就在街邊一面為了鞋子吵得不可開交，一面掃著玻璃。

弄了半天，人比想像中還要堅強有韌性許多。你日也炸夜也炸，不見得會讓被炸的人懷憂喪志，你搞不好只會讓他們對你咬牙切齒，更把你當成非滅不可的死敵。區域轟炸的支持者用了一個似是而非的字眼去形容轟炸的效果：「去房屋化」（dehousing），好像你把人家房子炸了，原本住那兒的人都不會想報仇似的。何況如果是我的房子被炸了，我的反應會是想推翻自己祖國的政府嗎？我應該會需要政府庇護而更堅定支持政府吧，不是嗎？

歷史學者塔蜜．比德爾用了比較長遠的眼光去觀察區域轟炸：「我認為我們在人類的轟炸史上已經一而再再而三看到這樣的狀況。我們看到過國家，被鎖定的國家——我現在談的是脅迫性的轟炸，長程性的脅迫轟炸——只要拿出決心，都可以設法把轟炸的破壞力吸收掉。」

當倫敦大轟炸的倖存者希薇亞．瓊恩．克拉克（Sylvia Joan Clark）被問到，她是否曾覺得德國會打贏戰爭時，她的回答是：

> 沒有，我從來沒有這樣想過。我以身為英國人為榮，我相信他們永遠打敗不了我們。我內心堅信只要我努力，只要我願意幫助每一個英國人，那勝利最後一定是屬於我們的……我都是這樣跟身邊的人說。垂頭喪氣起不了作用。我有過家、有過母親、有過父親，而我如今失去

了〔他們〕，但我決心不讓人將我擊倒。我會活下去，會努力奮鬥，會為了英國終將恢復其榮光而感到驕傲。

經過統計，英國判定有逾四萬三千人死於轟炸，傷者也有數萬之眾。超過百萬棟房屋半毀或全毀。但這樣的轟炸仍屬無效！它既沒有毀掉倫敦，也沒有毀掉倫敦人。倫敦的士氣依舊保持著。而即便有了這樣的教訓，皇家空軍仍在短短兩年後要對德國人進行相同的戰術。

艾拉．伊克爾說他跟皇家空軍元帥哈里斯還住在一起時，兩人曾交換過意見——雖然我猜那應該是相當「激烈」的意見交換。他們長談至深夜，而有一次，伊克爾面對哈里斯說出了一樣的論點：「我問哈里斯覺不覺得倫敦有因為轟炸而士氣低落。他說轟炸反而讓倫敦人更加團結。但主客對調，他就覺得德國人的反應會有所不同，理由是德國人跟英國人不是一家人，不走一扇門。」

對伊克爾跟其他的轟炸機黑手黨而言，英國人的態度很不理性。而直到後來，他們才知道英國人為什麼這麼想。英國人也有他們土生土長的轟炸機黑手黨——而英國版轟炸機黑手黨也不遑多讓地堅信空中力量的正確用法。事實上，「黑手黨」一詞並不夠貼切——英國所有的與其說是一群黑手黨，更應該說是一名轟炸教父，而這位教父的大名是費德列克·林德曼（Frederick Lindemann）。

〈三〉

在二戰結束後的幾十年間，各方學者都曾嘗試理解這場戰爭，而其中有一位大有來頭的英國科學家，叫作史諾（C. P. Snow）。史諾曾於戰時在英國政府中任職。他是牛津大學的講師，是成功的小說家，同時在英國知識菁英圈中交遊廣闊。在一九六〇年，他到哈佛大學演說，其中有一大塊內容講到了費德列克．林德曼的故事。[1]史諾認為英國在其空中力量的用法選擇上，林德曼扮演了遭到嚴重低估的要角。史諾說，想深入理解二戰時英國對於轟炸的謎樣態度，你必須要先理解林德曼。

史諾在那場哈佛演說中，是這麼講的：

林德曼不論橫看豎看，都是個獨樹一幟的怪人。他是個重量級的奇葩……

林德曼相當不符合英國人的典型。我總覺得如果你結識的是中年的

1. 我在播客節目《歷史大翻案》第二季的一集〈首相與教授〉裡，曾經進一步就林德曼奇人奇事做過探討。

他，你會以為他是那種義大利高檔飯店裡常見的中歐商人……我是說，他完全可以來自杜塞道夫。他五官深邃，膚色蒼白，永遠打扮得體。他的德語起碼不輸英語流利，甚至於他說起英語都帶點德語腔——但那也要你先能聽得見他說話才能發覺這一點，因為他說話總是以一種極度壓抑的方式，把字句含在嘴裡。

費德列克・林德曼——後來的柴威爾爵士（Lord Cherwell）——一八八六年生於德國。他的父親是名富裕的德國工程師，母親是美國世家的繼承人。林德曼本身是個物理學者，一戰前夕在柏林取得博士學位——當時的德國可是世界的物理學首都。同事眼中的林德曼堪與牛頓媲美。他對數字有過人的記憶力：從小林德曼就能過目不忘，分毫不差地複述書報中的大量數據。他跟誰辯論都能痛擊對方，還花了不少時間跟愛因斯坦朝夕相處。有回在晚餐時分，愛因斯坦提到某個他始終無法證明的數學命題。隔天林德曼就不當回事地表示他有了答案，而且是在浴缸裡想出來的。

林德曼是所有人的話題。而對於像史諾這樣的作者而言，各種傳言都讓他毫無抵抗力。

> 他的熱情充滿了傳奇色彩……〔那種熱情〕讓我聯想到……巴爾札克小說裡那種鼓脹的狂熱與激情。他在巴爾札克筆下會是個恰如其分的角色。我會說他是個令任何小說家都手癢的人物。
>
> 他對各種官能的享受都毫無興趣。他在素食者中是屬於最難伺候的那種。他不光吃素，他還只吃一般人認為的素食餐飲中很小很小的一塊。他的主食是救贖港起司、[2]蛋白——蛋黃顯然太過動物性——橄欖油，跟米飯。

林德曼的怪誕跟聰慧都不在話下，但他出名的最大原因還是他跟邱吉爾的友誼關係。這兩人的結識，是在一九二一年一場由西敏公爵伉儷作東的晚宴上。邱吉爾是貴族，林德曼是富人，所以這兩人都在上流圈中走動。他們一拍即合。對邱吉爾而言，如果你去讀一些他寫給林德曼的信件，你會發現他對林德曼幾乎懷著一種崇拜。

心理學者丹尼爾．維格納（Daniel Wegner）提出過一種很美的概念被稱為「交互記憶」（transactive memory）。他觀察到我們不光會把資訊儲存在自己的心中或特定的地點，我們也會把記憶與理解存放在我們所愛的人心裡。你不用記住女兒與她老師之間的師生情誼，因為你妻子會幫你記住；你不用記得家裡的遙控器怎麼用，因為你知道女兒會用就好。這就是所謂的交互記憶。我們生命的點點滴滴就這樣寓居在親人的心裡。維格納的理論中有一道令人心碎的旋律，那就是當一對伴侶有人先走一步時，活下來那個常會說自己的某部分也跟著對方一起死了。維格納說這並不是一種遐想，而是實情，因為當你的丈夫或髮妻過世，所有你存放在他或她腦中的記憶也隨之消逝。

邱吉爾的個性在此值得一提。他是個大格局之人，是個有遠見的人。他對人心與歷史有一種深刻而宛若直覺的理解，但他苦於憂鬱症，他的情緒陰晴不定。他衝動而有著賭徒性格。他對數字很不拿手。終其一生，他示範了投資犯蠢而慘賠出場的各種方式。光一九三五這一年，邱吉爾就花了相當於現代幣值六萬多美元的錢在酒精上。就任首相還不到一個月，他就破產了。

2. 譯註：Port Salut cheese，源自法國馬耶訥省的昂特拉姆，得名於當地的救贖港修道院。

我們看到的是個常識少得可憐，是個拿數字完全沒輒，是個日子亂中無序的生活白痴。而跟他變成好朋友的又是誰呢？那是個嚴以律己到瘋狂而毫無彈性，是個一天三餐都是同樣三種東西，是個在數字的世界裡如魚得水，是個從小讀新聞就可以對數據過目不忘到像人眼掃描器一樣的傢伙。

邱吉爾把所有與量化世界有關的資訊，都儲存在了林德曼身上。而當邱吉爾在一九四〇年，也就是歐戰爆發不久成為英國首相後，他就把林德曼帶在了身邊。林德曼在邱吉爾的內閣中，擔任宛若邱吉爾心靈守門員的角色。他會陪著邱吉爾去參加會議，他會跟著他出席宴會。除非是陪著酒國英雄邱吉爾去吃飯，否則林德曼滴酒不沾。他會在週末去邱吉爾的鄉間別墅，有人見到過他們倆凌晨三點在爐邊一起讀報。

按照史諾的說法，「那是一段絕對屬實而且非常深刻的友誼，而且兩個人都為此付出了一些代價。當林德曼深受首相其他心腹厭惡之時，邱吉爾也從未動搖。他們一心想踢走林德曼，但邱吉爾死活不讓。」

林德曼在邱吉爾耳邊極具說服力的一個議題，就是轟炸。林德曼深信想摧毀敵人的意志，只能靠對其各大城市狂轟濫炸。話說，林德曼拿得出證據來支持他的這項理念嗎？答案是沒有。事實上，史諾的演講通篇就是在講這件事——他要證明這個自詡講究科學、冰雪聰明的知識分子，是如何編造、扭曲了事實來支持自身的觀點：

沒有人真正思考過這些轟炸機該如何運用。那只是一種出於信仰的行為，是一種戰爭之道。我相信持平而論，平日做事一絲不苟的林德曼對這種信仰之虔誠，就跟任何一名英國人一樣深刻。一九四二年初，他下定決心要將這宗信仰付諸實行。

在美國，在陸軍航空兵戰術學校，轟炸機黑手黨夢想著一個轟炸可以做到精準無比的世界。林德曼則無所不用其極地去倡導與此完全相反的策略——而對此，史諾能想出的唯一一種動機，就是個人的變態。林德曼就是個單純的虐待狂，就是覺得把敵人的城市炸到灰飛煙滅很爽：「這人散發著一股難以言喻的病態氣質。你能感覺他對自己的生命並非知之甚詳，且他對於重大事件不是處理得很好。他惡毒，他嘴壞，他有種懷著惡意而施虐狂般的幽默感，但這些都不能妨礙你感覺到他是一個迷失的人。」

林德曼的一名作傳者曾如此寫到他：「他不會因為自知某項論點有誤就不使出來，他只求說出來的話可以讓他在專業上的對手啞口無言。」

而這還有一則友人對他的評語：「確實對但凡任何一名與他沒有切身關係之人，他都欠缺同理心。」有回林德曼被問到他如何定義道德，結果他回答：「只要能給我身邊朋友帶來好處的行為，就是符合道德的行為。」

嗯，按照這個句型：只要能給我朋友邱吉爾帶來好處的轟炸行動，就是符合道德的轟炸行動。於是林德曼給邱吉爾寫了一則著名的備忘錄。史諾對這份文件的描述如下：

那份文件建議英國應該窮盡所有資源去製造轟炸機、訓練轟炸機組員，並將所有的轟炸機與組員用於對德國工薪階級住宅上。該文件以量化的方式介紹了轟炸攻勢……而林德曼計算出的結果是如果無所不用其極，那英國將能摧毀德國所有大型城鎮達半數的工薪階級住宅。那相當於在十八個月內毀滅德國所有人口達五萬以上城鎮的……半數民宅。百分之五十的普通家戶，按照林德曼的計算，將不復存在。

林德曼說服了邱吉爾，邱吉爾任命了亞瑟・哈里斯——艾拉・伊克爾初來乍到英國時的收容者——來主持英國的轟炸司令部，而亞瑟，哈里斯是個心理變態。他自己的下屬都稱他是「屠夫哈里斯」。

在剛接任轟炸司令後的某項重大聲明中，哈里斯引用了《舊約聖經》中最灰暗的先知何西阿（Hosea）說：「納粹進入這場戰爭，懷有的是一種相當幼稚的幻想，那就是只有他們能炸遍別人，別人都不會去炸他們……他們所種的是風，所收的是暴風。」[3]

在主掌英國轟炸行動不久後，哈里斯對德國科隆發動了猛攻。這是一趟夜襲，反正他們也沒有要瞄準特定的目標，不是嗎？哈里斯派出一千架轟炸機前往德國，到處扔炸彈。到最後，皇家空軍夷平了九成的科隆市中心，一共六百英畝的面積。超過三千戶人家毀於一旦。

據說在戰時有一回，哈里斯因為駕車超速被攔了下來。警員說：「先生，你車開太快了，超速是可以殺人的。」哈里斯答道：「你找對人了，我的正職就是殺人：殺德國人。」

事隔多年來到一九七七，哈里斯接受了英國三軍廣播電台（British Forces Broadcasting Service）的訪問。此時他已有三十多年的時間可以反思自身的行為。[4]但當他說起惡名昭彰，由他下令執行的德勒斯登大轟炸時，哈里斯的聲音裡沒有對將該城化為碎石的一絲悔意：

> 嗯，當然有人會想說：「喔，可憐的德勒斯登，那美好的城市。專門生產有著荷葉邊裙的小小陶瓷牧羊女。」但事實上，那裡是最後一個

---

3. 譯註：《何西阿書》第八章第七節。
4. 一九六九年，馮內果出版了他的小說《第五號屠宰場》（*Slaughterhouse-Five*）。雖然其設定是一本科幻作品，但這本書其實大致是根據馮內果以美軍戰俘的身分，在德勒斯登對皇家空軍轟炸的親身經歷。這本小說在紐時暢銷榜上待了十六週。

可用的……德國統治中心。再者，那也幾乎是德國後備部隊為了擋住俄國跟我們的攻勢，由北向南移動的最後一個交通要衢。

顯然為了避免德國經由德勒斯登調動軍隊，哈里斯令其轟炸機炸掉了該城共計一千六百英畝的核心，三天內殺死了兩萬五千名平民百姓。被問到他為何鎖定平民而非軍事設施，哈里斯桀敖不馴地答道：

我們沒有特別在瞄準平民，我們瞄準的是所有有助於德軍繼續作戰的生產行為。那才是轟炸作戰的總目標，其涵蓋範圍包括我前面說過的，德國全境用來生產潛水艇與武器的設施與人力。其中那些人力在我看來，都形同現役的士兵。在兵工廠上班就要有被視為現役士兵對待的覺悟。不然，我們那條線該畫在哪裡呢？

那些人力在我看來，都形同現役的士兵。兒童、母親、老人家、醫院裡的護士、教堂裡的牧師。當你說我們不會再瞄準特定的目標後，你就跨過那條線了。你必須要說服自己拿槍的士兵是士兵，老弱婦孺跟醫院裡的護士也是士兵，他們於你必須沒有差別。

轟炸機黑手黨的全副論點，他們存在的意義，就在於他們不想跨過那條線。他們不光是在倡導某種科技論點，也是在推廣一種作戰的道德觀。關於精準轟炸教父卡爾．諾登最重要的一項史實，並不是他身為一名工程師有多聰明，或是他做為一個人有多另類，而在於他是名虔誠的基督徒。

如歷史學者史提芬．麥法蘭所說：

你可能會想說，如果他覺得自己是在為人道精神服務，那他為何還要發明瞄準器去幫忙軍隊投彈殺人呢？理由是他堅信轟炸既然不可免，那炸彈投得愈準，就愈多人不用枉死。他真心相信陸軍跟海軍告訴他的一字一句，而陸軍跟海軍告訴他的是，我們要去摧毀戰爭機器，而不是戰爭中的人。我們不會重蹈一戰的覆轍，讓千百萬士兵遭到屠戮，我們不會屠殺千百萬的平民，我們只會炸毀廠房與戰爭機器。這樣的說詞他買單了，因為那符合他的基本人生哲學，他的基督教信仰。

所以對指揮官艾拉·伊克爾將軍而言，那趟前往卡薩布蘭加去拯救精準轟炸的夜訪，是他畢生中做過發揮最大道德影響力的一件事。而等回到英國基地後，他說：我們需要為歐洲擬定一個新的作戰計畫，好讓英國人知道空戰可以——也應該——怎麼打。那麼他挑了誰來發想這個計畫呢？

答案是此時已然貴為將軍的海伍德・漢賽爾，那位有朝一日將在關島上被柯蒂斯・李梅驟然搶走指揮權的美國陸航明日之星。

第四章

篤信者中的篤信者

〈一〉

海伍德・漢賽爾出身屬於美國南方貴族的軍人世家。他曾祖父的爺爺（祖父往上的第三代）約翰・W・漢賽爾（John W. Hansell）曾服役於美國獨立戰爭。他曾祖父的爸爸（祖父往上的第二代）威廉・楊恩・漢賽爾（William Young Hansell）是一八一二年第二次獨立戰爭中的陸軍軍官。他曾祖父是南北戰爭中南軍的將軍，祖父是南軍軍官，父親是享用晚餐時會身穿白色亞麻西裝且頭戴巴拿馬帽的陸軍外科醫官。海伍德喜歡隨身帶著一根短手杖，就像英國陸軍傳統的軍官那樣。所有人都管他叫負鼠，那是他兒時的綽號。

漢賽爾身材消瘦，個子也不高——專長是跳舞、作詩，並熱愛吉伯特與蘇利文[1]的輕歌劇，最喜歡的書是《堂吉訶德》。飛行在他心中的地位是第一名，馬球是第二名，家庭是被狠狠甩在後面的第三名。有個故事說他有回聽到嬰兒在哭，便轉頭對他結婚沒有很久的妻子說：「老天，那是什麼聲音啊？」「那是你兒子。」她說。在他最後一趟作戰飛行任務，前往比利時進行轟炸的過程中，漢賽爾為他精疲力盡的組員提供的餘興節目，是翻唱當時很流行的一首音樂廳曲目〈鞦韆上的空中飛人〉（The Man on the

1. 譯註：Gilbert and Sullivan，英國維多利亞時代的幽默劇作家搭檔，兩人從一八七一到九六年間合作了十四部輕歌劇。

Flying Trapeze）。若用史諾的口吻去形容，漢賽爾就是那種會讓小說家手癢的人物。

在戰時，作戰單位的責任也包括把戰果通知媒體，以便家鄉的百姓能掌握戰事的演進。但軍方發布的新聞稿往往充斥著太多委婉用語、長篇大論跟報喜不報憂等問題。你可以想像那些報導一丟進水裡，就會立刻因為密度太高而沉到水底。相形之下，在一九四四年十二月一份由他親自操刀並從關島總部發出的新聞稿裡，漢賽爾是這麼寫的：「我們沒有把所有炸彈都準確投到我們希望的地方，我們對自己迄今的表現並不滿意。我們還在實驗的初期階段。我們還有很多地方需要學習，還有很多操作面與技術面的問題需要解決。」

我們還有很多地方需要學習。那的確是漢賽爾的口吻：脖子都不縮一下的誠實、些許的天真，但基本上是個非常廣義的浪漫主義者。有一回派駐在維吉尼亞蘭利機場，他在某飯店大廳經過了一名年輕的女性——來自德州韋科（Waco）的桃樂絲・羅傑斯（Dorothy Rogers）小姐。漢賽爾隨即把身邊的女伴送回家，重新回到飯店，然後自顧自加入了這名年輕女性跟她姨母的晚餐餐桌。桃樂絲・羅傑斯覺得這人很煩。他覺得她很可愛。她回到德州後，他一天一信寫了大半年。她只回過兩封，頂多三封。他們結婚是在一九三二年。

這就說得過去了，難怪漢賽爾最喜歡的書是《堂吉訶德》。堂吉訶德身為一名英勇的騎士，其與眾不同處在於他在復興騎士精神的征途上勇往直前。舉槍衝向風車的堂吉訶德雖然受到命運的再三捉弄，卻仍勇敢與想像中的敵人抗衡。若是堂吉訶德大人，還真的會寫上百封信給他幾乎素昧平生的女人，就算被她一再無視也鍥而不捨。但軍人喜歡堂吉訶德還是滿奇怪的，不是嗎？他堅持一個基於幻想而永遠實現不了的理想。他覺得自己在打造一個更好的世界，但其實他沒有。下面引自《堂吉訶德》的一段文字，漢賽爾在他於關島受辱後的漫長退休歲月裡很有可能讀過，並且在當中看到自己身影時畏縮抖動過：

簡單說，〔堂吉訶德〕是如此沉迷在他的書本中，以至於他從日落到日出，從黎明到黃昏都在字斟句酌。而睡少讀多的結果，就是他變得腦枯智竭。他的想像力塞滿了自己曾於書中讀到過的東西，各種魔法、爭論、戰鬥、挑戰、傷口、追求、愛情、痛苦，還有各式各樣匪夷所思的胡謅；這些東西徹底進駐了他的心靈，以至於整張編造與幻想出來的織錦於他獨一無二，那幻夢真實到連世間的史實都相形失色。

這段話描述到的，可不只一點點的海伍德．漢賽爾。

一九三一年，還是個年輕陸軍尉官的他被派駐到麥克斯威爾機場。一九三五年，他被派任為陸軍航空兵戰術學校的教官，並很快就因為才智過人而在校內嶄露頭角。當艾拉・伊克爾面對英國人的質疑，想提拔某人來捍衛高空日間精準轟炸時，合適之人是誰連問都不用問。這工作跟漢賽爾根本是天作之合，畢竟他是篤信者中的篤信者。

〈二〉

在他於一九六七年發表的一場演說中，漢賽爾描述了他遇到的第一個問題：「挑選轟炸目標本身就是個相當複雜的問題，因為你要去評估特定產業遭毀會對德國的武器生產能力造成多大的影響。」

漢賽爾必須找到某個美國駐英轟炸機可以輕鬆飛抵並加以摧毀的目標，而且那還得是個對納粹作戰非常重要、一旦失去就會很不方便的特定目標。

你去炸萊茵河上的鐵道橋，是沒有意義的，因為萊茵河固然是貫穿德國國土的中央水道，但橫跨其上的鐵道橋何止數十座，而且南北相距數百英里。要把這些橋通通炸掉會是後勤的夢魘。

然後漢賽爾聽說了德國派機去英國考文垂（Coventry），轟炸了勞斯萊斯飛機引擎工廠後的事情。那次攻擊並不算徹底成功，但德國還是炸掉了工廠建物主體的天窗，使得廠區直接暴露在風吹日曬雨淋中。按他的形容，「後來真下了雨，數千盤滾珠軸承就此生鏽而不堪使用。引擎在英國最承受不了停產的節骨眼上停產。事實證明對旋轉機械而言，滾珠軸承是不可或缺的產業。」

漢賽爾心想滾珠軸承會不會也是德國的阿基里斯腱。

為什麼專挑滾珠軸承呢？因為這東西位於所有機械裝置的核心。這些裹覆著潤滑油而包裝在鐵圈內的細小金屬珠，腳踏車的車軸裡大約有一打，而也正因為有它們擔綱迷你滾輪，腳踏車的輪子才能自由轉動。一輛好的公路車可以要價數千美元，車身包含各種太空時代的高科技材料與零件，但只要少了這成本兩三塊美元、直徑四分之一英寸的滾珠軸承，那再高檔的自行車也是動彈不得。這不是比喻，是腳踏車會真的動不了。同樣的道理也適用於車引擎，或有某部分需要旋轉的所有機器。

滾珠軸承在諾登打造瞄準器原型機時，也是一個大問題。轟炸瞄準器是一台有著幾十個活動零件的機械式計算機，而且每一個零件都必須準確地轉動到正確的位置，計算的結果才能沒有誤差。所以萬一他使用的滾珠軸承大小不均勻，或者不是真圓，那整台瞄準器就會宛若廢鐵。

歷史學者史提芬．麥法蘭解釋了諾登是如何解決這個問題：「〔他〕花錢請了幾十個人，讓他們每個人各以一天（或兩、三天不等）的時間，去拋光一顆滾珠軸承。他們會每二十秒測量一次滾珠，以確保球體是絕對的真圓。」

麥法蘭說問題是當戰爭一開打，諾登突然得做出數千台轟炸瞄準器，而那就代表他不能繼續土法煉鋼，用人工來進行滾珠拋光了。

於是他生產端的夥伴巴斯想出了個非常有趣的點子。他會跑到某家公司說：「我要你們做幾十萬顆滾珠軸承。」然後他會花錢請人一一測量這幾十萬顆滾珠，當中一找到規格完美或落在公差內的滾珠軸承，他們就會將之拿去給瞄準器用。按這種辦法，他們可能會要先篩掉五十顆、六十顆，或上百顆其他滾珠，通通丟掉。這聽起來很浪費，但其實這樣比較便宜，而且便宜很多。

滾珠軸承在現代戰爭中，處處都用得上，而且處處都不可少。那德國的滾珠軸承工廠都坐落在哪裡呢？答案是幾乎全都在巴伐利亞的一個中世紀城鎮，名叫什文福（Schweinfurt）。五座獨立的工廠，二十四小時不間斷地運作，用上了數千名員工，每個月以數百萬顆滾珠供應著德國戰爭機器的需求。

什文福是轟炸機黑手黨的夢想成真。塔蜜・比德爾如是說：

只要你除掉對的目標，那德國的戰爭經濟就有可能全面癱瘓。那就是美國人想要達到的目的，而他們認為滾珠軸承就是對的目標。那有點像是從紙牌屋中抽出關鍵的那張牌，讓整座屋子倒塌，也像抽掉蜘蛛網中最關鍵的那根絲線，讓整張蜘蛛網散開。那就是美國人的打算。還是那句話，這是個壯舉。這根據的是沒有任何實證，但很值得期待的假設。

陸軍航空兵的參謀擬定了二戰中非常具有巧思的一項戰略：分兩階段進行空襲。主線由兩百三十架 B-17 前往什文福轟炸滾珠軸承工廠。

但為了讓主線任務成功，陸航還安排了用來聲東擊西的副線任務。就在 B-17 出發前往什文福之前，另一支 B-17 機隊會起飛前往什文福東南邊的小城雷根斯堡（Regensburg），那裡是德國人生產其梅賽施密特（Messerschmitt）戰鬥機的地方。其戰略構想是對雷根斯堡的轟炸會吸引德國守軍——讓德軍分身乏術——進而為主要任務創造出一條康莊大道。換句話說，飛往雷根斯堡的轟炸機是關鍵的誘餌。

那麼美國選了誰去負責這個關鍵的誘騙任務呢？答案是他們能找到最優秀的實戰指揮官：一名年輕的空軍上校，柯蒂斯．愛默生．李梅。

〈三〉

柯蒂斯．李梅來自俄亥俄州哥倫布城一個貧困的鄰里——在一個為錢所苦但又食指浩繁的家庭中，他是大哥。他半工半讀念完了俄亥俄州立大學的工學院，期間他白天念書，晚上在鑄造廠打工。大學畢業後他加入陸軍——並在陸軍航空隊中平步青雲。三十三歲當上上尉，然後接連晉升為少校、上校、准將，最後以三十七歲的年齡成為少將。

李梅是隻鬥牛犬。他有張大方臉，頭髮豪氣地接近中分。他是個很厲害的撲克牌玩家，也是神槍手。他思考事情永遠只往前看，從來不東張西望。他理性、處變不驚，不懂什麼叫自我懷疑。

就以一九四三年的一段訪問為例。李梅當時人在英國統領美國的第三〇五轟炸大隊。訪問之時，他剛率領弟兄出完轟炸任務，飛機不久前才剛剛降落。

問：李梅上校，今天的任務順利嗎？

李梅：這個嘛，還滿順利的，就是比起某些日子無聊了點。戰鬥機都沒出來，高射砲不強而且準頭很差。

一支電影拍攝小組前來訪問隨李梅出完任務的陸航隊員。其他人都笑容滿面地覺得十分期待，拍電影的耶！這可露臉了。李梅——個子不高、肩膀很寬、氣場很強的他——卻只是面無表情地看著鏡頭。那次深入敵後的轟炸任務嗎？還是無聊。

問：您昨晚提供給我們的隊形——您有按著去執行嗎？

李梅：有的。我們按著昨晚計畫中的編隊飛行。

問：那您的投彈手呢——他任務執行正常嗎？
李梅：他百分之百老樣子。〔笑聲〕
問：在場的普雷斯頓少校——他有好好盡到職責嗎？
李梅：是，而且絲毫不差，跟他平常一模一樣。

李梅說話毫無抑揚頓挫，也沒有廢話。李梅上校不會對他的弟兄唱〈鞦韆上的空中飛人〉，應該是可以想見的。

問：那弟兄們呢——他們有善盡職責嗎？
李梅：組員們都表現得符合水準。
問：換句話說，您沒有任何不滿囉。
李梅：完全沒有。

完全沒有不滿。柯蒂斯．李梅不是那種會抱怨的人——至少對外人不會。要是電影組訪問的是海伍德．漢賽爾，那他可是會滔滔不絕說個沒完，時不時巧妙地自嘲一下，然後把所有人邀到他的軍官宿舍喝一杯。漢賽爾，就是李梅的反面。

戰前的漢賽爾人在麥斯威爾機場時，他屬於一個大膽飛行員的小團體，而他們的老大就是王牌飛行員陳納德。他們駕著不是設計來挑戰極限的飛機，做出形同玩命的空中特技。漢賽爾自己都說他沒有摔死，真的是奇蹟來著。漢賽爾會加入這樣一支拚命三郎的小團體，感覺非常合理，因為那符合他浪漫的天性。那李梅呢？李梅跟浪漫八竿子打不著一點關係。

羅素．多克提（Russell Dougherty）作為跟李梅同期的空軍將領，很愛說一個很後期的故事，是李梅曾聽取一款新飛機的簡報，那款飛機的型號

是FB-111：[2]

簡報進行了大概兩天半……才好不容易完結，李梅從頭到尾隻字未發。他只是靜靜坐在那裡……最後等報告告一段落後，李梅將軍才說了一句：「就這樣？」「是，長官！報告完畢。」接著他起身又說了句：「這飛機不夠大」，就走了出去。那是他唯一的評語。

兩天半的簡報，被最後那六個字打回票。

一九四二年的秋天，李梅來到英國加入了第八航空隊，並擔任起一支

2. 譯註：代號土豚（Aardvark）的FB-111，是一款由通用動力開發於一九六〇年代的多功能中距離戰鬥／轟炸機。

B-17轟炸機中隊的主官，被派駐在切爾維斯頓（Chelveston）鎮外。而他也馬上就讓人感受到了他的存在。

這裡有一個例子：如果你駕著一隊B-17轟炸機深入敵境，任務是要從兩萬英尺的高度進行精準轟炸，那你要如何確保自身不受到敵方戰鬥機的襲擊呢？轟炸機有機砲跟厚甲，但只要雙方一在空中接戰，你就會知道那是不夠的。為此李梅設計了一種「戰鬥箱型編隊」——由一群轟炸機以特定的編隊飛行，為的是方便它們抵禦敵機的攻擊。這種編隊很快就獲得了整個第八航空隊採行。接著李梅又把注意力轉移到了一個更大的問題：他的飛行員。

退役很久之後的李梅將軍曾在一次口述歷史中說：「有件顯而易見的事情是，轟炸的技術不太行。」

轟炸機上有相機專門用來拍攝叫作「攻擊照」的相片，相片上會顯示炸彈的彈著區域。而當李梅在轟炸機返航後去看了那些攻擊照後，他發現彈著點完全不在他們設定的目標上。「目標沒有被摧毀不說，我們還沒有資料能顯示多數炸彈實際落到了何處。他們雖然有攻擊照，但逾半數被載到歐陸的炸彈究竟被投到了何處，照片上看不出來。」

會有這種問題，是因為飛行員沒有直直朝著目標飛去。飛行員認為直飛會讓他們成為坐以待斃的目標，主要是直直地飛，敵方的地面防砲部隊就可以根據飛機的航速與高度去計算出該往哪射。由此為了避免被鎖定，轟炸機的飛行員會在空中採取迴避的動作，也就是他們不會直朝目標飛，而會飛得比較迂迴，直到最後幾秒才把航道打直。就是因為這樣，落彈的位置才會與目標有很大的偏差。飛機直到最後關頭才與目標對齊，你叫投彈手如何讓瞄準器發揮最大的作用？

李梅解釋說：「我們必須要做點什麼，好讓投彈手有機會擊中目標。

而這代表轟炸前的直線飛行距離必須拉長，以提供投彈手充足的時間來讓瞄準器對齊。」

李梅眼裡只有這一個解決方案。飛行員必須停止進行迴避動作，必須以直線飛越目標上空，但這種做法與傳統智慧背道而馳。「所有跟我談過且有實戰經驗的人，都認為這麼做會讓你被防空砲火擊落。」他說。

但那只是主觀意見，而李梅則是個實證主義者。他回去做了點功課，研究了他的舊砲兵手冊，還進行了一些計算。多少發防空砲火才足以把B-17轟炸機打下來？他回憶道：「我想應該是三百七十七發。這數據在我看來，還是滿可以接受的。」

防空砲火得打三百七十七發，才有機會阻止朝目標直飛而去的B-17轟炸機。三百七十七發砲火就彈藥而言，可不是個小數目。所以說直朝目標飛去固然有其風險，但那並不是不理性的風險。

於是李梅說：就來試試看吧。我們就直飛看看，在到達目標前七分鐘都保持穩定的航向。這聽起來有點像是自殺，至少他手下的飛行員都是這麼想的，於是李梅補了一句說：我飛第一個。一九四二年在一次前往法國聖納澤爾（Saint-Nazaire）的轟炸任務中，李梅身先士卒。他沒有採取迴避行動，結果呢？跟以往的相同任務比較，他的機隊擊中目標的炸彈數量是兩倍。而且他們一架轟炸機都沒有損失。

後來在越戰期間成為美國國防部長的勞勃・麥克納馬拉（Robert McNamara）是二戰時期美國空軍的分析幕僚。在艾洛爾・莫里斯（Errol Morris）精彩的紀錄片《戰爭迷霧》（*The Fog of War*）裡，麥克納馬拉在聽到有許多飛行員夾著尾巴逃走後，是這樣形容李梅的：

他是我在戰爭中所遇見過，不分軍種最優秀的戰鬥指揮官。但他也極端好戰，甚至有人覺得他很殘暴。他發布過一道命令說：「我每趟任務都會飛在最前面。每架起飛的飛機都要飛過目標上空，不然全機組員都會送軍法（審判）。」沒錯，他就是這樣的指揮官。

轟炸機黑手黨的組成是理論家、是戰前待在那安全無虞的阿拉巴馬州蒙哥馬利市，並在那兒構思出其偉大計畫的知識分子，但柯蒂斯．李梅才是在前線摸索出該如何實踐理論的人。

李梅針對不進行迴避行動的轟炸任務，是這麼說的：「起飛前我承認自己也有些不安，也不否認隊上有些弟兄很緊張，但我們就這樣進行了第一趟的直飛轟炸，而結果是成功的。」

我承認自己也有些不安，他說。就這樣而已！

〈四〉

我想再說一個李梅的小故事，因為大家對李梅的著迷之處——好吧，是我個人對李梅的著迷之處——不在於他是個傑出的實戰指揮官。優秀的指揮官在二戰期間多了去了。李梅令人著迷之處，在於他性格的深不可測——那是一種他不像一般人有其極限的感覺。這點在某方面來講，是很讓人興奮的，因為那代表他做得到常人做不到的事情。但換個角度說，這也會讓人有所疑慮。想想麥克納瑪拉是如何形容李梅的：殘暴。而千萬別以為這麼形容李梅的麥克納馬拉是個多愁善感的軟腳蝦，他可是後來也在北越發動保和轟炸的狠角色，而李梅竟然會讓他有所疑慮。

我要說的故事，那個讓李梅在軍界的八卦傳得沸沸揚揚的故事，發生在一九三七年，當時歐戰爆發的可能性愈來愈高。陸軍航空兵隊想要有個機會可以演練他們的轟炸技巧。真實世界中的演練，但只用啞彈：裝滿水的五十磅級炸彈。李梅在多年後談起這次演習：「自從我加入空軍之後，他們就一直拚了命想要有個機會能為捍衛國家出一份力。沒有人把這當回事……我們想要一場演習，一場他們可以找到戰艦，然後把炸彈投到戰艦上的演習。」

這場演習要能順利成行，陸軍航空兵需要有海軍的配合。他們需要海軍把一艘戰艦藏在海面上某處，然後在最後一刻給出座標，看轟炸機找不找得到。這可是在雷達與導航系統都還沒發明的時代。在大海上要找到戰艦，只能靠你的雙眼。要擊中戰艦，你必須要從數千英尺高空瞄準其狹窄的甲板——而這都要在每小時航速數百英里的狀況下達成。

海軍對此意興闌珊。

「最終，他們同意了這場演習。時間、地點就訂在八月份的西岸外海。是說在八月份的美國西岸外海上，什麼都沒有，唯一有的就是綿延上千英里長的海霧。我確信，海軍刻意把演習選在這時候，完全是不安好心。」李梅說。

你要怎麼在上千英里海霧中找到戰艦呢？除了海霧，海軍還扭曲了規則。雙方同意這場戰爭遊戲將進行二十四個小時——從中午到隔日中午。但關於演習中的美國海軍猶他號戰艦，海軍要到第一天午後的尾聲才會給出座標，而且他們給的還不會是正確的座標。正確的位置會與海軍所給的座標相距六十英里。這再加上海面上上千英里有如長城般的霧氣，大海撈針說不定還比較容易。

最終在第二天中午結束前十分鐘，可以說是最後一刻，李梅才找到了戰艦，投下了啞彈。是說他當然能找到戰艦。只要有心，世界上沒有他做不到的事情，但那不是這個故事的重點。重點是在他就要投下炸彈前，現場的狀況。

海軍確信戰艦不會被找到，所以他們沒有做任何的預防措施。水兵還是跟平常一樣該忙什麼忙什麼。轟炸演習的規定是水兵要尋找掩護，但他們沒有這麼做。

李梅是怎麼做的呢？他照樣轟炸了猶他號，五十噸重的水炸彈瞬間在水兵的頭頂如雨滴降下。

李梅回憶說：「所有人都朝著跳板與艙門撲去，而我們聽說有一些人受了點傷。」

在他的回憶錄裡，李梅說他聽說有些水手死在了這場轟炸演習中，然後他寫道：「我記得看著第一顆炸彈砸在甲板上，四散的碎裂木板朝各個方向射去，我沒想過木材可以以那種方式裂開。」

他沒糾結在這一點上。畢竟他的任務就是找到船，而他也做到了這一點。至於炸彈落在木頭甲板上所產生的結果，他只能說他順便上了堂讓他很有收穫的物理課。

康拉德．克雷恩（Conrad Crane）在位於賓州卡萊爾軍營（Carlisle Barracks）的陸軍文物與教育中心（Army Heritage and Education Center）擔任首席歷史學者，同時他也是美國陸軍軍史學院（US Army Military History Institute）的前任院長。這樣的他稱李梅是史上最偉大的空軍指揮官：

他是個充滿幹勁的領袖：他會與弟兄們同甘共苦。他是空軍史上最棒的導航員；他是很棒的飛行員；他捲起袖子也能做機械方面的工作。不論是身為空軍需要的技術力，還是帶兵需要懂得的領導統御，他都完全不是半吊子的門外漢。他完全知道自己在做什麼。這樣的他，是空軍遇到問題時的終極王牌。

但他也同時是那種問題交給他處理就好，你不好多問他打算怎麼做的人才。

所以你可以想像一下，一九四三年的轟炸機黑手黨是怎麼想的。他們需要證明在陸航學校構思出的理論是對的。他們需要狠狠給納粹的戰爭機器致命一擊。他們需要證明滾珠軸承確實是德國軍工基礎建設中的咽喉點。什文福的空襲是他們證明自己的戰法優於英國人的天賜良機。你會選誰來計畫這趟任務呢？海伍德．漢賽爾，當然了，麥克斯威爾機場的大祭司——你手中的一流人才。但你會選誰去率領這趟任務中最困難的部分，前往雷根斯堡虛晃一招呢？這份責任其實也不做第二人想。

在《空軍的故事》（*The Air Force Story*）這部電影中，旁白對於那一幕有著這樣的描述：「破曉時分，一九四三年八月十七日，地點是英格蘭……第八轟炸機司令部預備了三百七十六架 B-17 轟炸機要飛往他們清單上的兩大關鍵目標：什文福的滾珠軸承工廠，還有雷根斯堡的梅賽施密特戰鬥機工廠，兩者都深藏於德境。」

空軍弟兄的故事也同樣以第一人稱獲得了述說：

等到我們繳出了私人物品後，事情就很清楚了，預定的雙重任務將飛向一場大規模而代價昂貴的空戰。在英國各地的小教堂中，不同信仰的弟兄們紛紛找上了他們的牧師、拉比與神父……而今天，我們將兵分兩路，創下歷來潛入德境最深處的紀錄，也創下迄今派遣規模最大的轟炸機隊的紀錄。

第五章
漢賽爾將軍嚇壞了

〈一〉

柯蒂斯．李梅在什文福空襲前夕所收到的命令，是要他率隊進行精心計畫的誘敵任務。他將會先與第四轟炸大隊的 B-17 一起升空，然後飛往雷根斯堡的梅賽施密特戰鬥機工廠。

這趟任務的構想是李梅的機隊會纏住想要保護梅賽施密特工廠的德國軍機，然後繼續飛過阿爾卑斯山朝北非而去，希望能盡量把德國戰鬥機誘離巴伐利亞那個有著滾珠軸承工廠聚落的角落。

李梅後來回憶說：「我們打算飛抵雷根斯堡後進行轟炸，然後繼續往前飛出布雷納山口（Brenner Pass），並且我們不用在飛離時接戰。（我們）只需要在飛抵時擋下德國戰鬥機的攻擊就行。」

然後真正的轟炸主力，第一轟炸大隊，才會飛抵。

如李梅所述：「他們將能如入無人之境，因為德國戰鬥機剛剛（與第四轟炸大隊）接戰過……如今將會在地面進行補給。但他們在飛抵與飛離之時都要與德軍接戰。」

李梅不愧是李梅。早在攻擊日之前很久，他就顧慮到了天候問題。他會從英國的基地起飛，而英國是迷霧之國，所以從空襲的幾週前，他就天天帶著隊員們練習只靠儀器「盲目起飛」。

果不其然，在任務當天八月十七日的早上，空中出現了濃霧。他記得，「英國當天的天候非常誇張。事實上我們那天早上一上工，地勤人員就必須拿著提燈跟手電筒，才能把飛機從跑道尾端的停機坪領出來。」

李梅帶著隊員們起飛進入了霧中。來到被占領的法國上空後，德國戰機就開始出現在雲後，而李梅的第四轟炸大隊也因此見識到了什麼叫直朝著德國空軍的核心，一頭栽進去。

李梅手下的一名飛行員，貝恩．雷（Beirne Lay）在幾個月後為美國的《星期六晚郵報》（*Saturday Evening Post*）寫了一篇文章，當中描述了他在雷根斯堡空襲中的經歷，內容令人怵目驚心。

閃著銀光的金屬長方形掠過我們的右翼。我認出了那是主出口的門片。幾秒鐘後，一塊黑色的物體從轟炸機編隊中高速穿過，差一點就要打到好幾架友機的螺旋槳。那是一個屈膝抱胸的人不斷在空中翻滾，就像跳水的人在進行三連翻。他飛過我們旁邊的距離之近，我能看見有張紙從他的皮外套中飛出⋯⋯此刻我們遭到持續攻擊超過一小時了，大隊遭到殲滅眼看近在眼前。天空中仍滿布著在拉升高度的德軍戰鬥機，但要撐到的目標時間還有三十五分鐘。我懷疑隊上有誰覺得我們能繼續撐下去。

雷描述了隊上的另一架飛機：身中六彈的這架飛機，有一顆二十毫米機砲的砲彈穿透了機身的右側，並在飛行員下方爆炸，切掉了一名砲手的腿。第二枚機砲砲彈擊中了無線電機艙，切過了無線電操作員的雙膝，造成他失血過多身亡。第三枚砲彈打中了投彈手的頭部與肩膀。第四顆打中了駕駛艙，摧毀了飛機的液壓系統。第五顆切斷了連接方向舵的纜線。第六顆打中了三號引擎並使其起火燃燒。這樣一架被打得千瘡百孔的飛機，飛行員仍堅持讓它往前飛。

在轟炸機飛抵雷根斯堡之前，上述的攻擊延續了好幾小時。隊員們內心唯一的安慰，是他們為另一邊的真正攻擊主力爭取到了比較好的入場條件——讓主力更有機會去癱瘓納粹的戰爭機器。

只不過：精心設計的佯攻任務，似乎沒有達到佯攻的目的。李梅的飛行員能在那個八月清晨宛如濃湯般的霧中起飛，是因為他們有所準備。李梅讓他們接受了一遍又一遍的起飛訓練。只靠儀器，就像你完全看不見機外的狀況一樣。但其他的大隊隊長都沒有做跟李梅一樣的事情。主要是其他大隊的隊員都已經被平日的德國長征搞得精疲力盡，更別說同袍的陣亡會讓他們內心受到極大的打擊。他們睡不著、焦慮，而且疲憊。面對這樣的他們，你知道身為指揮官，要跟這一群弟兄說「今早六點起床，我們要練習盲目起飛，因為任務當天**『可能』**會有濃霧」，那難度有多高嗎？

這種事，只有李梅做得到。只有他夠狠，夠堅持。他才不管隊員抱怨他不該逼他們做這看不出有什麼意義的演習，一切他說了算。在此同時，海伍德．漢賽爾有留意到這點細節嗎？沒有，此時的他已經返回華府，滿腦子都是崇高的理想。

所以那天早上，第一轟炸大隊的轟炸機被擱淺在跑道上，直到霧散了才得以起飛。它們按計畫是要比李梅的大隊晚十分鐘起飛，但最終它們晚了「**幾小時**」才起飛，而這也讓德軍有了充足的空檔可以重新集結，進而可以用跟幾小時前在雷根斯堡上空一樣的強度，前往什文福對來犯的轟炸機迎頭痛擊。

最後的結果，是轟炸機隊在一天之內被血洗了「兩遍」。

李梅回憶說：「我原本有一百二十五架飛機，損失了二十四架吧，我想，這成績還不算太壞。但我們只需要從目標上空飛過去，接戰一次就行。我想第一〔轟炸大〕隊在相隔一小時後飛抵時——德國戰機已經落地補給又重新升空了，而他們原本就是去跟回都要與敵機交戰。他們折損了五、六十架飛機。」

這些是令人咋舌的戰損。一次空襲就要損失這麼多飛機的話，航空隊很快就可以關門大吉了。

即便在其官方的歷史上，美國空軍也不諱言這天是場災難。《空軍的故事》電影旁白是這麼說的：

戈林[1]的納粹帝國空軍精銳盡出。B-17遭受了開戰以來最慘烈的痛擊……那兩場空戰讓我們在一天之內損失的飛機與人員，甚至多過當時第八轟炸機司令部在我們於歐陸作戰前半年的總戰損。我們這些帶著戰爭飛行五百英里，深入敵人工業中心的部隊，比誰都清楚這是多大的代價。

隨著我們與高射砲狹路相逢，我們的砲手可以感受到整支德國空軍在暖身。飛入敵境的我們感覺自己就像是魚缸中的金魚，只能坐以待斃。所有轟炸機如今都已破釜沉舟，下定了決心，喊出「投彈完畢」之前不會有任何迴避動作。在此期間，轟炸機編隊會處於空門大開的狀態。但這無所謂。我們有任務要在什文福完成。我們有四百噸的高爆彈要完成投送。

但付出這麼大的代價，至少什文福的滾珠軸承工廠有被炸掉，德國的軍工生產鏈有被拖垮——是吧？嗯，這其實不好說。

在影片中，投彈手看進了瞄準鏡裡。炸彈艙的門已經敞開。炸彈接二

1. 譯註：Hermann Göring，納粹帝國空軍總司令。

連三，一波波向下跌墜。接著我們看到的是德國，遠遠在下面冒出一次又一次的爆炸。旁白接續說道：「在把兩座主要的滾珠軸承工廠擊中了八十次之後，我們終於可以回神來自衛。我們起碼可以針對防空砲火與戰鬥機的攻擊採取一些迴避的動作，但此時的第一要務還是盡快返航。」

兩百三十架轟炸機，每架都攜帶了八到九枚炸彈——我們就算一共投下了兩千枚炸彈好了。兩千枚裡有八十枚擊中目標。這聽起來，好像算不上是精準轟炸，是吧？

〈二〉

但什文福作戰失利的根本問題，並不在於作戰計畫的執行不力，那只是外在的表徵而已。真正的問題牽涉到轟炸機黑手黨意識形態中的技術面基石：諾登瞄準器。

原來，該瞄準器在現實中的運作，跟在卡爾・諾登的實驗室裡，或是跟在軍事訓練影片裡的狀況相比，都還是有所不同。我請教了歷史學者史提芬・麥法蘭一個問題，那就是在理想狀況下，瞄準器是能用的嗎？他的回答是：

嗯，理論上是能用的，如果你說的是嚴格定義上的數學問題的話。但別忘了當齒輪與滑輪在作動時，它們是會產生摩擦力的，而不管你把滾珠拋光到多滑多亮，也不管你的公差做得多小，摩擦永遠是你避不開的問題。而只要有哪怕一丁點的摩擦，你用計算機類比出的數學方程式結果就會被搞砸，就會沒辦法按理論上的方式去運作。

諾登瞄準器是一台機器。如果你用手工去打造它的話，你當然可以精雕細琢地去把所有的零組件拼到天衣無縫，分毫不差。但戰事一開打，軍方需要的是成千上萬台的瞄準器，而這樣的產量是不可能採用手工生產的。

如麥法蘭所言，「瞄準器一出廠，油就會開始變稠。在兩萬五千英尺的高空，氣溫會降至華氏零下六十度（攝氏零下五十一度左右），齒輪與滑輪的潤滑油會變稠而造成些許的摩擦。」

然後你想像一下這台自有其脾氣的裝置操控在投彈員——某個剛從訓練學校出來的毛頭小子——的手中，一人一機處於真刀真槍的轟炸任務中。

麥法蘭接著說道：

地上有人會對著你開砲，空中有敵機會以五、六百英里的時速朝你直撲而來，同一時間你身邊有各種恐怖的嚎叫、嘶吼，有炸彈在往外投，有爆炸的聲光，有各式各樣的干擾——這時候投彈員很可能會折起來——如果你知道我的意思的話。他們會為了想把十字線對準目標而開始前傾身體，而在這麼做的過程中，他們其實已經改變了透過望遠鏡進行觀察的角度……這根本就是不可能的任務。

而最大的變數就屬我之前提到過的：天氣。諾登瞄準器靠的是對目標物的視覺確認。你看出望遠鏡，看到你想轟炸的目標，然後輸入所有資訊：風向、風速、溫度、地表曲度等。但如果目標上方有雲的話，就萬事休矣了。在精密雷達問世之前，這個問題是繞不過去的。你只能默默祈禱轟炸當天可以陽光普照，萬里無雲。遇到雲層太厚，偶爾取消任務也是沒辦法的事情，[2]但有的時候你還是得硬著頭皮上，然後把成敗交給運氣。你不得不如此。在跑道上耽擱太久，奇襲的元素就消失了。

第八航空隊在霧中起飛去轟炸什文福的滾珠軸承工廠。他們扔下了兩千顆炸彈。而在這當中，只有八十顆擊中了目標。八十顆炸彈想要摧毀廣大的軍事工業園區，怎麼說也是太兒戲了。在德國首屈一指的庫格爾費雪（Kugelfischer）工廠，當某員工在空襲結束後重返廠區，他發現上層的建物全塌，到處都是瓦礫。但至少半數的重要機器都完好無損。而這就代表他們不多時就可以復工。海伍德・漢賽爾覺得他找到了經典的咽喉點——跟匹茲堡螺旋槳彈簧工廠一樣的存在。但一個幾星期就可以捲土重來的工廠，絕對稱不上是什麼咽喉點。

最樂觀的估計，是這次空襲減少了德國約三分之一的滾珠軸承產量。為此六十架轟炸機被擊落跟五百五十二名空軍弟兄被俘或陣亡，值得嗎？戰後成立的美軍官方任務檢討單位——美國戰略轟炸調查團（United States Strategic Bombing Survey）——的結論是，「沒有證據顯示這波對德國滾珠軸承產業的空襲，對於納粹軍事生產造成任何有意義的影響。」

如果轟炸機黑手黨想藉此證明自己的信念，那我只能說這是災難一場。

對此歷史學者塔蜜·比德爾是這樣說的：

> 美國人很愛宣揚他們的做法、他們的技術、他們的方略有多優越，也不知道是什麼基礎讓他們這麼狂妄、這麼有信心。因為他們明明什麼都沒有證明。
>
> 他們沒做太多準備。他們基本上只是一群眼睛長在頭頂上的美國佬，總想著換成他們進了戰區，一切規則都會為了他們而更改。他們總覺得英國佬做不到的事情，讓他們來就行。

2. 事實上直到今天，很多種軍用無人機仍受到相同的天候限制，同樣需要看得到目標才能瞄準目標。

但等什文福的災難結束後，轟炸機黑手黨的成員們都做了什麼事呢？他們重試了一次。在一九四三年的秋天，第八航空隊第二次空襲了什文福。

戰後過了幾年，一部名為《晴空血戰史》（*Twelve O'Clock High*）的電影上映了。這部改編電影的原著小說作者是曾經在李梅將軍麾下效力的飛行員貝恩．雷。《晴空血戰史》的男主角葛雷哥萊．畢克（Gregory Peck）飾演率隊去對某滾珠軸承工廠發動攻擊的法蘭克大隊長。這部電影值得一看，是因為它完美地捕捉到了轟炸機黑手黨對其理念的堅持。這群飛官失敗了第一次，但無妨，他們會再接再厲。諾登瞄準器有其侷限的證據雖然逐漸累積，但他們並沒有因此氣餒。夢想依舊存活在他們心中。

一如以艾拉．伊克爾將軍為原型的角色普里查將軍在電影中所說：

想早點結束這場戰爭只有一個辦法：日間的精準轟炸。我們要是退縮了，日間轟炸就會走到窮途末路。而我不知道，也許是整場戰爭大業都會走到窮途末路。要是不把德國的工業基礎剷除掉，我們就注定會輸掉這場大戰。

你可以嗅到等著你的是什麼，法蘭克。我能承諾你的只有一樣事情，那就是一項對像你這樣已經出生入死過無數次的男人來講，我不該再讓你去承擔的任務。我必須請你帶著年輕的好孩子，帶著他們飛上天，直到他們的極限。然後再把他們放回飛機裡，帶他們多飛一些。

這部電影沒有做的，是遵照第一、二次什文福空襲的實際順序——理由很明顯，也很好萊塢。因為第二次空襲比起第一次空襲，進步相當有限。第二次空襲造成了更多損害，但德國軍機工業仍舊沒有因此戛然而止。一點都沒有。而第八航空隊在第二次空襲中損失了多少架飛機呢？六十架全毀，十七架被重創到它們只能暫時被封存；六百五十名空軍陣亡或被俘，這代表任務中有四分之一的組員一去不回。這之後不久，艾拉・伊克爾——作為第八航空隊的主官——遭到調任。他被貶到地中海戰區，這對軍人而言，就跟被媽媽叫到房間裡待著還不讓吃晚餐，沒有兩樣。

一九四三年，對轟炸機黑手黨而言是黑暗的一年。他們的每一個理想都在現實面前被徹底輾壓。他們的團隊理應要能從三萬英尺處擊中酸黃瓜桶，但那現在看來成了個笑話。至於轟炸機理應能飛得又高又快，以至於根本沒有高射砲或戰鬥機傷得了它們一根寒毛。你是在開玩笑嗎？應規定，第八航空隊的空勤人員要出二十五趟任務，才能算是完成了海外的服役。而如果你是參與第二次什文福空襲的一員，那你就有四分之一的機會已經死了，而這樣的存活率乘上二十五次，你可以自己算算看你敢不敢妄想活著回到美國？

US Navy

卡爾‧諾登作為一名優秀的荷蘭發明家，以一己之力發明了諾登瞄準器，並獲得美軍在二戰時的應用。

在美國陸軍航空兵之間被暱稱為「美式足球」的諾登瞄準器重五十五磅，可供投彈手輸入包括高度、風速與航速在內的各種參數。有一說是有了它，投彈手便得以從六英里的高度擊中醃黃瓜桶大小的標的物。

Albert Knapp/Alamy Stock Photo

US Air Force

Us Army Air Force Official Photograph

轟炸機黑手黨：哈洛・喬治（上左）、唐諾・威爾森（上右）、艾拉・伊克爾等人相信「精準轟炸」，也就是鎖定敵人工業供應鏈的咽喉點攻擊，就可以徹底從空中贏得戰爭。他們這種充滿未來感的觀念，會成為日後空軍學院的代表性精神，事實上空軍學院的現代主義教堂也與陸軍西點軍校跟海軍學院的教堂設計形成強烈的對比。

艾拉・伊克爾

©Imperial War Museum (FRE 12088)

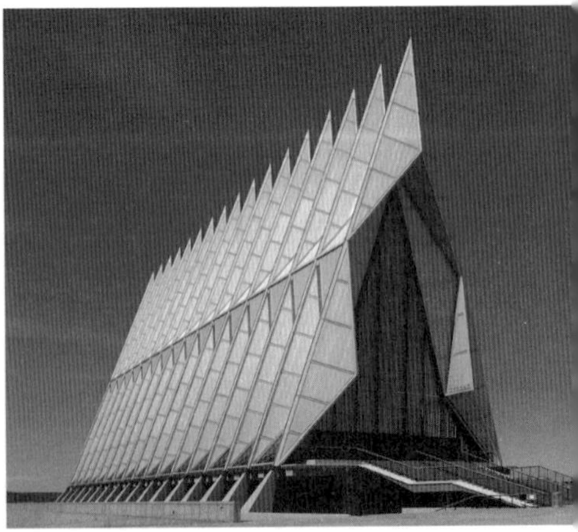

空軍學院教堂

Carol M. Highsmith's America, Library of Congress, Prints and Photographs Division

Photo by Capt. Horton/Imperial War Museums via Getty Images

費德列克・林德曼（左一）身為邱吉爾的心腹幕僚，相信他們應該對敵國的城市進行無差別轟炸，藉此來摧毀敵人的鬥志。照片上的他正偕邱吉爾（右二）跟英國其他軍方長官在視察防空砲火的展示。

Photo by Leonard McCombe/Picture Post/Hulton Archive/Getty Images

皇家空軍元帥亞瑟・「轟炸機」・哈里斯在主掌英國轟炸機司令部時，用的是一種「區域轟炸」策略，意思是其進行轟炸時不分軍民，所有前哨都是其攻擊目標。

ullstein bild/ullstein bild via Getty Images

作為高空長程轟炸機被開發出來的 B-17 飛行堡壘廣泛用於歐洲戰區，圖中的它正在轟炸德國的飛機工廠。

B-29 超級堡壘等待著從太平洋戰區的跑道起飛。B-29 是當時世界上飛得最快、最高、最遠的轟炸機，而最終美國也靠著 B-29，讓日本本土進入了美國陸軍航空兵的打擊半徑內。

NARA

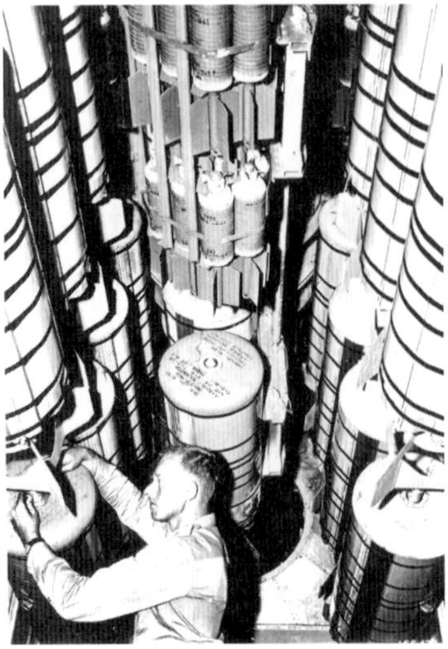

akg-images

前往東京空襲前，一名組員正在檢查 B-29 貨艙中的炸彈。

HUP Fieser, Louis (25). Harvard University Archives

哈佛大學化學教授路易斯·菲瑟與他的同僚赫許伯格（不在照片中）進行了可燃膠的實驗，最終促成了燒夷彈的問世。

Photograph courtesy of Harvard University Archives/ Louis Fieser, The Scientific Method

燒夷彈測試首見於一九四二年七月四日，地點在麻州劍橋，哈佛商學院的後面。

Courtesy of JapanAirRaids.org

為了分析燃燒彈的威力，在猶他州的杜格威試驗場打造了日本村落的完美複製品，時間是一九四三年。

NARA

一九四五年一月，柯蒂斯·李梅少將（左）取代了海伍德·漢賽爾准將（中），成為在馬里亞納群島上第二十一轟炸機司令部的主官。照片右邊是漢賽爾的准將參謀長羅傑·拉米（Roger M. Ramey）。

NARA

陸軍航空兵早期位於關島上的設施可說因陋就簡；帳篷與半圓形鐵皮組合屋。

東京大空襲的空照圖。一九四五年三月九日與十日晚，一名觀察者注意到燃燒的火光可見於一百五十英里之外。

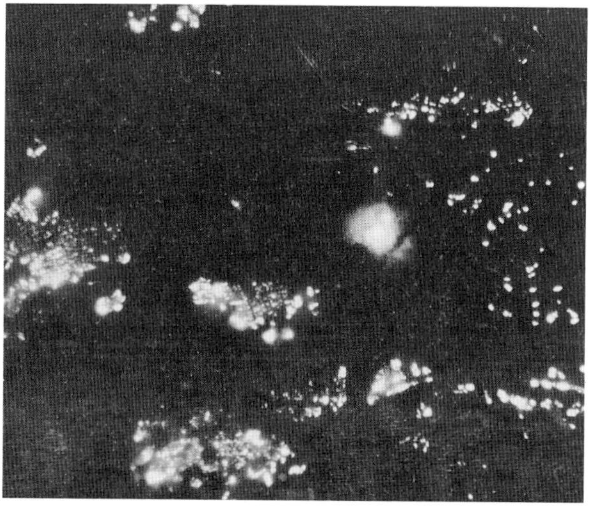

NARA

akg-images/Glasshouse/Circa Images

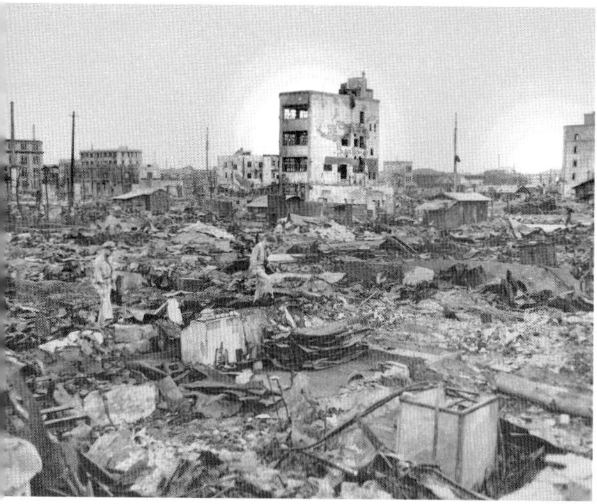

▲▶在「聚會所行動」這個二戰中最具毀滅性的單一空襲作戰中，共有一千六百六十五噸的燒夷彈落於東京，造成多達十萬居民喪生。

akg-images/WHA/World History Archive

柯蒂斯・李梅將軍，
攝於一九五四年。

「東京大空襲暨戰災資料中心」位於東京一棟不起眼的建築中。

關於那幾個月有多令人絕望，受訪的二戰空軍不下數十人。而這當中有一名第八航空隊的 B-17 轟炸機無線電操作員，喬治．羅伯茲（George Roberts）是這麼說的：

> 我們被分發到一個中隊，第三六七轟炸機中隊。然後我注意到隊上有個大大的招牌寫著：三六七陶鴿空軍之家。天啊，我想說這中隊的代號也太好笑了吧，竟然把堂堂一個中隊取名叫陶鴿。但……後來我才發現名字取得還滿貼切的。

陶鴿原本指的是射擊比賽時的陶靶：陶土製成，被擊中時會爆裂開、塗成醒目的螢光橘色碟盤。這對一支轟炸機中隊而言，實在不是很吉利的兆頭。

隨著歐戰進入持久戰，轟炸機黑手黨的壓力也愈來愈大。英國人對第八轟炸機司令部的態度益發鄙夷。在此同時，在華府的高層開始想把空戰導往新的方向。他們要求對德國進行一種新的空襲，像其中一個目標就是德國城市明斯特（Münster），只不過明斯特不是德國的工業重鎮，那兒既沒有戰機產線，也沒有滾珠軸承工廠或煉油廠。那兒只是個有大批德國百姓居住的迷人中世紀小鎮。

一名參與了這趟任務的飛行員，基斯・哈里斯（Keith Harris）回憶說：

我們在三九〇中隊之前起飛，要去德國的明斯特執行任務。那是個星期天，陽光普照的好天，美麗的秋天。我們的轟炸目標是明斯特已建設完成的區域。我是覺得某棟大型建築的一大片階梯被選為瞄準的目標，似乎不是很妥當的做法。

他說的是明斯特大教堂。第八航空隊接獲的指令是要在中午時分去轟炸主日的教堂，望彌撒的教眾正好會在那個時候出來。

在任務前的簡報中，空軍弟兄對聽到的指令都非常震驚。這不是他們從軍報國想做的事情，也有違第八航空隊所代表的精神。一名在虔誠衛理宗家庭長大的導航員站到了他的指揮官面前，說這種事他做不出來。那是英軍風格的區域轟炸，不是美國轟炸隊的做法。那名領航員被告知他如果抗命，就會被軍法審判，所以他只好乖乖就範。而你知道還有誰也在那間簡報室裡，完全不能理解自己聽到了什麼嗎？海伍德・漢賽爾。他的一名下屬後來寫道：「漢賽爾將軍嚇壞了。」

〈三〉

在戰時，有一名年輕的統計人員名叫里昂．范士庭（Leon Festinger），他在替陸航隊從事一項計畫。他的職責是設計出更好的辦法來替飛行員訓練選才。這聽起來有點像是枯燥的學術工作，直到你想起一九四三年的那幾個月對陸航隊有多嚴峻。范士庭的工作，基本上就是構思該把哪些年輕人送去執行那——就統計上而言——死定了的任務。

里昂．范士庭日後會成為美國極負盛名的社會心理學家。而我一直都在想他是否就是因為在空軍的經歷，才有動機在戰後進行他最為人所知的那項研究。那個研究所分析的對象，是一個誕生於芝加哥，名為「尋求者」（Seekers）的邪教。范士庭在接觸尋求者時所心懷的那個問題，肯定曾經在多年前那個轟炸機黑手黨的一切信念都被打臉的時間點上，劃過他的心靈：真正的信徒在堅信的一切都被現實擊潰的時候，會有什麼反應？

范士庭回憶說：「人必須要使自己的認知與感覺或行為相符，甚至合理化自己的感覺或行為，這種概念讓我們第一時間產生的想法是：嗯，如果這套做法行得通，那肯定到處都找得到例子。」

尋求者的領袖是一個名叫桃樂絲．馬丁（Dorothy Martin）的女子，她宣稱自己與一群叫作「守護者」（Guardians）的外星人有聯繫。她還說守護者告訴她這世界將在一九五四年十二月二十一日被大洪水毀滅，而她與她的徒眾會在災難前幾天獲得飛碟的搭救。飛碟會降落在她家後院。為了替那一刻做好準備，尋求者們辭去了他們的工作，拋棄了他們的家庭，放棄了他們的財產。他們聚集在桃樂絲．馬丁位於芝加哥郊區橡樹公園市（Oak Park）的住處。一開始馬丁說飛碟應該會在十二月十七日的下午四點鐘降臨。外星人並沒有如期出現。然後到了午夜時分，馬丁說她收到了新的訊息是飛碟已經在路上了。但最終外星人又放了地球人鴿子。這時馬丁又改口說外星人跟她約了一個新的時間：十二月二十日的午夜——就在大毀滅的前夕。於是尋求者們又再次聚集在馬丁家的客廳等待。不斷地等待。

范士庭回憶說：「我們很合理地確信他們的預測不會實現。但我們現場仍有一群堅信不移的人，他們是真的全心相信這一切。他們放棄了工作、賣掉了財產。他們準備好了迎來末日，也準備好了獲得救贖。」

范士庭根據最後一夜在桃樂絲．馬丁家中的見聞，寫成了一本書叫《當預言落空之時》（*When Prophecy Fails*，暫譯），而值得提的是在本書的一開始，范士庭是這樣寫的：

> 假設某人全心相信某事；又假設他對這宗信念的執著讓他採取了無法回頭的行動；最後我們假設他眼前有鐵證如山可以證明他的信念是錯的：這時候會發生什麼事情？

范士庭跟兩名同事徵得了桃樂絲．馬丁的同意，在現場觀察尋求者的表現。范士庭一秒接一秒地描述了現場的發展：

當……壁爐架上的時鐘顯示距離飛碟要來的時間，只剩一分鐘時，〔桃樂絲．馬丁〕以緊繃而高亢的嗓音大喊：「一切都在計畫之內！」時間敲響了十二下，每一下都在靜謐的期待氣氛中清晰得非常刺耳。信徒們坐著一動不動。

你可能以為現場會有些明顯的動作。午夜已過，飛碟連個影子都沒有……但屋內的人並沒有什麼明顯的反應。沒有人交談，沒有人出聲。靜坐的眾人有如石像，面容則像是被凍僵了一樣，什麼表情都看不到。

尋求者像生了根一樣，在椅子上一坐就是幾個小時，期間他們緩緩地接受了不會有外星訪客從外太空來救他們的事實。但遭到這樣的「證偽」，有讓他們拋棄他們的信仰嗎？並沒有。那天早上四點四十五分，馬丁宣布她收到了最新的訊息。由於尋求者堅定的信心，桃樂絲．馬丁說，神臨時取消了世界末日。

范士庭怎麼解讀這一切呢？你愈是投入在一套信念當中——你為了服務這種信念而做出的犧牲愈多——你就愈會去抗拒能證明你錯了的證據。你不會輕言放棄，你會不斷加碼。

如范士庭在口述歷史中回憶說：「我們原本預期會發生的一種狀況，是在末世預言被證偽之後……他們會……不得不拋下信仰，但考量到他們已然投入的程度，這不會是一件容易的事情。」

回到什文福空襲的慘劇，還有漫長而令人氣餒的一九四三年夏秋兩季。那些事件讓海伍德．漢賽爾跟轟炸機黑手黨放棄了嗎？當然沒有。八月十七日，漢賽爾在第一次空襲後致函艾拉．伊克爾說：「我想不用我說，你也知道我對雷根斯堡—什文福行動有多感到驕傲。雖然傷亡慘重，但我相信那完全是值得的，而且也代表了這場戰爭的一個轉捩點。」

但這種想法，當然是在自欺欺人。什文福才不是什麼二戰的轉捩點。但如果你去問漢賽爾為什麼這麼相信，他一定能說得出理由。他們還在學習摸索；他們的天氣運太差；他們應該要隔週再去一趟，應該要每週都去一趟，直到德國的工廠被炸到一座不剩為止。[3]又或許滾珠軸承根本不該是首選的目標。但不炸滾珠軸承工廠還有其他目標可以炸啊，不是嗎？煉油廠怎麼樣？篤信者的內心就是這樣在運作著的。

但在那緊密的小圈圈外還有另外一個人：柯蒂斯．李梅。跟其他人一樣，他也去過陸軍航空兵戰術學校，在麥克斯威爾接受了他的義務訓練。但他從來不是轟炸機黑手黨的一員。李梅這人有樣體質——他在意的是實務上該怎麼做跟要做什麼——讓他與抽象知識的追求犯沖。他有本事讓飛行員朝遠方的目標直直飛去。他有本事灌輸飛行員在任務中處變不驚、勇往直前。他有本事訓練飛行員在霧茫茫中起飛。吸引他的是實務上的挑戰，學說理論什麼的則挑不起他的熱情。

在一九七一年的一次受訪中，李梅話說得更直白。他說他從來沒有信服過什文福空襲背後那繞來繞去的邏輯：「那意思就是他們鎖定了那些滾珠軸承工廠——他們指的是在五角大廈裡坐著旋轉椅的某些目標分析師——他們認為只要剷除那些工廠，德國就會失去滾珠軸承生產的主力，然後這場仗就會戛然而止，只因為沒有軸承，德國這場仗就打不下去。」

五角大廈裡坐著旋轉椅的某些目標分析師。他說的就是海伍德・漢賽爾跟轟炸機黑手黨，說的就是這些人對於如何癱瘓敵人的瑰麗幻想。

李梅接著說道：「這個計畫還過得去——基本上——但重點是他們是想要找到可以打贏戰爭的捷徑，而戰爭的勝利不存在捷徑，就像這世上並不存在某些奇幻的動物。」

柯蒂斯・李梅只在乎最終的結果。他在空襲雷根斯堡的佯攻任務中損失了二十四架轟炸機。每架轟炸機上都搭載了一組十人的空軍弟兄，而那就代表有兩百四十人沒能平安返航，就代表李梅跟他的中隊長隔天有兩百四十封哀悼信要寫。親愛的史密斯先生／太太，您的公子……親愛的瓊

---

3. 在其回憶錄中，希特勒的軍需暨武器生產部長阿爾伯特・史皮爾（Albert Speer）對同盟國的什文福任務提供了詳細的描述，包括他分析了「敵人的錯誤」是哪些。他表示：「對方對滾珠軸承工廠的空襲說停就停。因此同盟國等於是親手讓到手的鴨子飛了。要是他們能用同樣的強度堅持下去，我們很快就會被逼上絕路了。」

斯先生／太太，您的公子……——兩百四十遍。而這樣的犧牲究竟換得了什麼？

一名叫作肯．伊斯瑞爾（Ken Israel）的空軍軍官是李梅將軍晚年身邊的熟人。他們會一起去打獵。[4]有回伊斯瑞爾到李梅在南加州的家中，為的是把他們在比爾空軍基地（Beale Air Force Base）打到的雉雞送來，那是個就在沙加緬度北邊不遠處的基地。伊斯瑞爾回憶說：

我按了門鈴。他應了門，邀我進去。我說：「長官，我這兒有您的雉雞。」你走進他公館的門廳，裝修用的全是大理石。左邊牆上是一幅以雷根斯堡為題的巨大壁畫……對面是另一幅壁畫，描繪的是什文福。於是我說：「長官，那是雷根斯堡跟什文福嗎？」他說：「是的，孩子。」然後他只淡淡補了一句：「沒錯，我們失去了很多好兄弟。」

最終，柯蒂斯．李梅會成為世界空軍史上極具傳奇性的一位飛將軍。他策畫或統領了無數比雷根斯堡—什文福空襲都要更有意義的任務。他在一九四八跟四九兩年執行了關鍵的「柏林空投」任務，為二戰後的美蘇冷戰揭開了序幕。他最終會以美國戰略空軍司令部（Strategic Air Command）的指揮官身分，一手掌握美國的核武。服役期間的他見到了你想像得到的所有世界領袖，跟我們只會在歷史課本裡讀到的人物合照。他想要在家中門廳掛什麼紀念品都行，但他沒有選擇其他的經歷，而是在他住家一進去的地方，掛上了他第一次與正宗轟炸機黑手黨遭遇的回憶。他用那些壁畫，提醒自己失敗的空襲與逝去的兄弟。

4. 李梅不意外地，也在他的地下室有個靶場。

第二部

誘惑

作者的話

《失控的轟炸》第二部的場景，換到了關島與日本，一切都指向東邊。但在我們開始正題之前，我想要先說個距離現在比較近的小故事。

我在為了本書進行研究的時候，偕我的播客節目製作人傑可布·史密斯（Jacob Smith）去了一趟東京。班機一落地，我們就上了計程車直奔一個名為「東京大空襲暨戰災資料中心」的博物館，因為這個地方所紀念的，正是我將在接下來幾章描述的事件——而那事件，也正是轟炸機黑手黨與柯蒂斯·李梅相互角力的結果。

參觀戰爭博物館於我是家常便飯。像是倫敦的帝國戰爭博物館。蘭伯斯路（Lambeth Road）上的那間帝國戰爭博物館位在一棟宏偉的建築物中，但其實它在倫敦市區有兩間分館，在英國其他地方也有兩間分館。要把它們通通逛完得花上你幾個禮拜。還有就是紀念場館，我也去過不少，如華府的越戰紀念碑、耶路撒冷的以色列猶太大屠殺紀念館。每一處都充滿力量，都令人動容，都出自世界知名建築師之手。每一處都令人無法忽視。

所以當傑可布跟我在東京坐上了計程車後，我心想我們要去博物館的集中地，也就是東京市中心的皇居附近。但事情跟我想的好像不太一樣。我們走的是相反的方向，愈走離鬧區跟觀光客愈遠。我們往東，經過了一條普通到不能再普通的商業街，過了條大橋。就這樣一直走，一直走，我們左轉進入了一條小巷，然後司機就把車停下來了。我一整個納悶了起來——這當中是不是有什麼誤會？我預先把地址寫在一張紙上。是不是我寫錯了呢？我讓司機再看了一遍地址。他點了點頭，又用手指了指。然後果不其然，我瞇著眼看到了博物館的招牌。我們面前是一棟看上去像診所，三層樓高的磚造房屋。

我們走進去，看到了側邊有一間小小的紀念品店——說是紀念品店，其實也就只有兩排書架而已。紀念品店隔壁是看起來像教室的地方，裡面有一堆折椅，然後有電視播放著介紹影片。接著我們通過了一個小小的庭院，爬上樓梯，來到了主要的展區。地板是像塑膠材質的亞麻鋪面。牆壁上有大量的黑白照片。一架等比例的 B-29 轟炸機，那種玩具店在賣的東西，掛在天花板上。傑可布在我們參觀完後，幫我在博物館前拍了張照留念。那張被我存在手機裡的照片，看起來就跟我剛看完牙齒，從診所出來一樣。

我們都很熟悉一九四五年八月，那兩顆分別落在廣島與長崎的原子彈：從艾諾拉．蓋號[1] B-29 轟炸機上投下的「小男孩」跟從博克斯卡號（Bockscar）投下的「胖子」。這些事件都有宏偉的紀念碑跟紀念館，有一排又一排的歷史著作講述著相關的主題。各方的論辯直到今日都沒有完結。我在替本書作結的期間，就適逢各界在紀念原子彈攻擊的七十五週年。你有上百次機會可以在那天重溫那段人類記憶。

但東京大空襲暨戰災資料中心的重點，不在於日本遭到原子彈攻擊後的際遇。這地方介紹的是原子彈攻擊前的日本——從一九四四年十一月到一九四五年的冬天尾聲。從海伍德．漢賽爾到柯蒂斯．李梅的指揮。那是一小段被放逐到東京巷弄裡的歷史。

為什麼這紀念館會開在巷弄裡呢？某種程度上，那正是這本書第二部分的潛台詞。就在轟炸機黑手黨與柯蒂斯．李梅把他們的專注力移到世界的另一側時，就在他們把注意力從英國跟歐陸移往馬里亞納群島、移往太

1. 譯註：Enola Gay，該架 B-29 轟炸機的名字，命名自機長的母親。

平洋的正中央之際，發生了某件事情，而且那還是一件讓所有人都覺得礙眼、覺得難忍、覺得不可言說，抑或三者皆是的事情。

這不是戰爭的故事，而比較像是個在戰爭背景下發生的故事，因為有的時候，我們正常的紀念機制會辜負我們，而本書接下來的內容，就是想搞清楚這種事為什麼會發生。

第六章
那是自殺，弟兄們，自殺。

〈一〉

只要是戰爭，就沒有不荒謬的。千百年來，人類選擇消弭紛爭的做法就是將彼此趕盡殺絕。事實上綜觀歷史，人類不是在對彼此趕盡殺絕，就是不眠不休在研究「下一次」可以如何更有效地將彼此趕盡殺絕。仔細想想這還滿不正常的。

不過即便各式各樣的荒謬當中，也存在一道連續的光譜。在歐洲進行的戰爭起碼長得跟以往的戰爭比較像。那是一種我們比較熟悉的荒謬：接壞的鄰國互打。諾曼第登陸只需要渡過不算寬的英吉利海峽，要知道泳渡英吉利海峽，有人是做得到的。在地面上，你會看到部隊扛著步槍行軍。他們會發射大砲。給拿破崙一個禮拜適應，他多半也能跟二十世紀任何一位將領一樣，率領盟軍在歐陸的進軍。

那太平洋戰區呢？太平洋戰爭的荒謬是光譜上另外一端的等級。

美國與日本恐怕是戰史上相互接觸最少，也彼此認識最少的兩個交戰國了。更重要的是，他們也是歷史上地理間隔最遠的兩個交戰國。太平洋戰爭就其定義而言，就是一場海戰——而隨著戰事愈演愈烈，海戰又變成了空戰。而且考量到太平洋這個戰場的量體之大，這場空戰還是不曾有人打過的空前之戰。

比方說，在珍珠港遭到偷襲的當時，美國陸軍航空兵的勞役主力是B-17轟炸機，外號飛行堡壘。李梅、艾拉・伊克爾與漢賽爾在歐洲使用的，就是這款飛機。飛行堡壘的最大航程大約兩千英里——去程一千、回程一千。一九四四年一月，你在距離東京一千英里內找不到一個由盟軍控制的空軍基地。澳洲距離日本超過四千英里。夏威夷也差不多。菲律賓是紙上談兵最合理的選擇，但菲律賓此時已經落入日軍之手，徹底光復已經是一九四五年底的事情，何況馬尼拉距離東京還是有一千八百英里之遙。

如果想要轟炸日本的美國人是你，你會怎麼做呢？這是一個美國花了大半場戰爭才破解的難題。而解答的第一步，是打造出 B-29 超級堡壘這款有史以來最大的轟炸機，其有效航程超過三千英里。

第二步是拿下西太平洋的三座小島：塞班島、天寧島、關島。它們都屬於馬里亞納群島，並控制在日本人手中。距離東京有一千五百英里遠的馬里亞納群島，是盟軍可以建立機場最近的據點。只要你能在馬里亞納群島上放上一支 B-29 的機隊，你就可以轟炸日本。這一點美國人知道，日本人也知道。而這一點，也造就了二戰中又一個荒謬至極的瞬間：整場戰爭中稱得上最慘烈的戰鬥，發生在三小塊出了西太平洋沒有人知道——戰前完全沒有人知道在哪裡——的火山岩礁上。

海軍陸戰隊被叫了來。一名陸戰隊老兵梅爾文．道頓下士（Melvin Dalton）憶起當時的戰鬥說：

我們的主要任務是軟化守軍，好讓登陸駁船上的部隊可以順利搶灘。在經過兩、三天的作戰之後……隔天破曉，海面上滿布軍艦與登陸用的駁船，砲火火網之激烈令人難以想像。〔哽咽〕屍體到處都是，在水面上載浮載沉。沒有人有空去把他們打撈起來。他們全都要等作戰告一段落，才有人幫他們收屍。陸戰隊在攻擊日軍的灘頭堡時，戰況時不時會非常慘烈。

就這樣在一九四四年的夏天，這三座小島一一落入了美軍陸戰隊之手，[1]而漢賽爾也就此從華府被派去統領新成立的第二十一轟炸機司令部。這支精銳部隊下轄的全都是美國陸軍航空兵最新款的致命武器——B-29超級堡壘，其任務是要從空中癱瘓日本的戰爭機器，以便為美軍高層認為無可避免的下一步鋪路：沒錯，他們要從地面入侵日本。

率領對日本的空襲，是漢賽爾軍旅生涯最重要的任務。在當時，那或許也是整個陸軍航空兵最重要的任務。但那項空襲計畫不論從任何角度去

1. 雖然確切的傷亡人數不得而知，但據估計到了馬里亞納戰役的尾聲，應有超過一萬四千名美軍陣亡、負傷，或被註記為失蹤。幾乎所有駐在馬里亞納群島上的日軍，大約三萬人，都遭到了殲滅。今日在塞班島上那俯瞰著塔納帕格港（Tanapag Harbor）的紀念碑上，銘刻著五千兩百零四名陣亡將士的姓名。

看，都稱得上荒謬。荒謬至極。首先，我們要從B-29說起。在一九四四年，B-29還是一架全新的飛機，其服役多少有點急就章。結果不意外地這飛機一堆問題，這包括它的引擎會著火，包括沒有飛行員受過駕馭B-29的完整訓練。這飛機有著各式各樣的怪脾氣。[2]

而且這新武器還得從說多不友善就有多不友善的空軍基地起飛。馬里亞納群島既炎熱又潮濕，全島都被蚊子覆蓋。他們得忍受豪雨。他們沒有像樣的硬體建築，沒有機棚，沒有維修區，沒有聯繫道路，他們有的只是半圓形的組合屋跟湊合著用的帳篷。[3]海伍德·漢賽爾——作為一名功勳卓著的將軍，曾經手撰用來在歐洲與希特勒對抗的空戰計畫，如今卻只能像童子軍一樣在島上露營。

薇薇安·史拉汶斯基（Vivian Slawinski）作為當時陸軍護理隊上的少尉，回憶了美國占領了天寧島後，那初始幾個月的島上生活。「島上一堆石頭……還有鼠患，牠們待在屋椽上，那是我最不能忍受的一件事情。牠們會爬下來咬人的頭髮，有一、兩次牠們爬到我的手邊……我們沒有醫院。我們有的只是簡陋的組合屋。」

當訪問薇薇安的人提到那些組合屋是金屬材質，所以在裡面一定很熱後，她回答說：「喔，親愛的，你以為出去就會比較涼嗎？」

馬里亞納群島唯一的優點，就是從那裡出發可以炸到日本。但這麼說也有個誤區，因為從馬里亞納群島能炸到日本的前提是一切條件都必須完

---

2. 超級堡壘早期版本的一個問題是引擎很容易過熱。如果你是那個年代的 B-29 轟炸機飛行員，你第一擔心的事情會是敵軍對你射擊，你第二擔心的事情會是引擎熱到起火。

3. 可想而知，李梅到了現場，他對這些不利的條件完全不為所動。事實上他在把惡劣的島上地形描述給妻子聽的時候，口氣中有著一種就像在說笑似的樂觀：「海邊的狀況不差。珊瑚礁不太多，有的也幾乎都已經風化到軟爛，所以你不太會被割到或卡到。海蛞蝓倒是不少，但牠們並不會打擾到你。牠們會被吹到地面上，所以你會跟在夏威夷一樣看到一些紅色的汙垢。」

美演出。想飛抵日本，B-29轟炸機必須多帶兩萬磅的燃油，而且因為如此危險地超重，所以每架B-29都必須要大逆風才能離地起飛。這是整場戰爭以來，再瘋狂也沒有了的處境。

這還不是最糟的狀況。時間來到一九四四年的秋末，漢賽爾已經準備好要對東京發動第一次大規模空襲。他於戰後在科羅拉多泉的空軍學院中，對某班學生形容說：「針對日本的第一次作戰被稱為聖安東尼奧一號作戰。這次作戰必須與參謀長聯席會議的戰略相配合，所以時機就變得非常重要。」

漢賽爾的機隊將於一九四四年十一月十七日起飛。萬事俱備，天氣看起來也很好。陸軍安排了媒體採訪——閃光燈、鏡頭、麥克風——在黎明的跑道邊排排站。漢賽爾親自主持了任務前的簡報。「飛的時候靠緊一點。不要讓敵方戰鬥機的攻擊打亂了編隊。要把炸彈確實投在目標之上。」

飛機開始排成一列。一架架被回程所需之額外燃料壓得喘不過氣的轟炸機，正準備要靠跑道上平日都會有的強勁逆風來起飛。

只不過，這天早上的風沒有出現。

漢賽爾回憶說：「命令已下。飛機也已暖身完畢，滑行到了唯一一條跑道的尾端，但就在此時，已經六週未間斷的風勢戛然而止。」

所以漢賽爾過重的 B-29 轟炸機起飛不了。沒一會兒風勢再起，但風向卻錯了。他可以讓一百一十九架飛機全部調頭，然後不耽誤到任務時間窗口嗎？他無法。因為他只有單一一條跑道，而且只有一半有鋪面。他不得不中止任務。

更誇張的還在後面。天氣出現了第三次變化。

漢賽爾繼續說：

三、四個小時過後，我們身陷於強烈的熱帶風暴中，你說那是颶風或颱風都行。那場風暴維持了大約六天，營區被吹得七零八落。而在此同時，B-29轟炸機全都滿載炸彈在待命，因為命令已經發出去了。我們都非常擔心消息會洩漏，但這時已經無法回頭了。我每天都在想，說不定當時我可以拚成功。我們派出了天氣偵測機穿過颶風，一路在沿岸追蹤；結果發現其路徑完全與我們前往日本的航道重疊。就此，我們要到……〔一週〕之後，才有辦法重啟任務。

漢賽爾這些話，是一九六七年對著滿室的空軍學院學員說出。他們大部分都將前往越南服役——話說越戰也是一場在光譜上屬於極端荒謬的戰爭——所以他們對漢賽爾的每個字都聽得非常仔細。漢賽爾在亞洲戰場待過，而那也正是學員們很可能要前往作戰的地方。

然後有人問了老將軍一個問題：要是風繼續吹，而且也沒有改變方向呢？要是您在一九四四年十一月十七日早上把所有B-29轟炸機都設法派出去了呢？如那名學員所點出的，「要是您讓飛機起飛了，那您的整支機隊就會消失得一架不剩。」

漢賽爾回答說：「肯定是。」

漢賽爾與整支陸軍航空兵，在當時都沒有我們今天有的精密電子導航儀器。他的整支機隊要是真上了天，那總計一百一十九架B-29，外加每架十一名組員，也就是共計一千三百零九名空軍官兵，就將在空中盤旋再盤旋，在颱風當中無助地搜尋跑道的微弱光點，然後眼睜睜看著油量表的指針歸零。他們最後的命運將是一架接著一架被汪洋吞噬。

那場風暴一吹就是六天。漢賽爾接著說：「早兩個小時出發，這種天候下兩個小時所造成的差別，是整個轟炸機司令部的覆滅。因為只要一上了天，他們就走投無路了。」

海伍德．漢賽爾對精準轟炸的信心，曾經在什文福的慘案中被考驗過了一遍。當時他的信心得以全身而退。而如今在馬里亞納群島上，他的這股信念將第二次受到考驗，只是這次的考題從未在麥斯威爾機場的研討會議室中，劃過轟炸機黑手黨的腦海。

〈二〉

一九四四年在海伍德．漢賽爾被派駐到馬里亞納群島的同時，柯蒂斯．李梅也從歐洲被調動到了太平洋戰區去統領另一支B-29的全新精銳聯隊：第二十轟炸機司令部，派駐在印度東部的加爾各答附近。

加爾各答是以直線距離而言，距離日本本土最近的印度城市。該城位於印度的東北角深處。而由於英屬印度具有安全港的特性，因此美軍的構想是讓B-29從加爾各答起飛，先行飛抵中國成都附近某個從險地中挖出來的機場，在那裡補充油料，然後再飛去日本投彈，返航到成都加油，最後回到加爾各答。就距離上而言，這相當於從洛杉磯飛到紐芬蘭再飛回來，中間兩次在芝加哥加油。

但這當中有一項很關鍵的因子：在加爾各答跟中國成都之間，隔著號稱世界屋脊的喜馬拉雅山脈。飛行員稱呼喜馬拉雅山「駝峰」。如果說從馬里亞納群島起飛去空襲日本，聽著像天方夜譚，那走駝峰航線去空襲日本就是天方夜譚中的天方夜譚。

從來不抱怨的李梅，對駝峰航線有著這樣的抱怨：

那是酷刑般的地獄……喜瑪拉雅群山是貨真價實的氣候陷阱集合體——猛烈的下行氣流、強風，還有說來就來、連個招呼都不打的暴風雪——在零下二十度的低溫中讓你吃不完兜著走。我想不用我提，你們也想得到機組人員可以經常瞥見海拔兩萬九千零二十八英尺的聖母峰突出雲層，距離航道只有短短的一百五十英里。

整場二戰打下來，你們覺得有多少美國飛機在駝峰航線中墜毀？答案是七百架。駝峰航線還有一個別名是「鋁道」，因為山區一路上都是四散的鋁製機身殘骸。

這還不是最慘的。成都的空軍基地並沒有航空油料，基地在一個鳥不生蛋的地方——那兒除了一條跑道供人降落之外什麼都沒有。相隔很久之後，李梅的一名部下大衛・布雷登（David Braden）偕空軍退役准將阿弗列・赫利（Alfred Hurley）錄製了一段訪問。飛過駝峰航線的飛行員，沒有不抱怨的：

布雷登：要把汽油帶到成都，唯一的辦法就是飛駝峰航線。運氣不好遇上逆風，你得燒掉B-29十二加侖的汽油，才能把一加侖的汽油帶過駝峰。

赫利：這很誇張。

布雷登：這很離譜。

而且即便從成都出發，日本本土大部分仍落在B-29的作戰半徑以外。這些轟炸機無法飛抵東京再返航，它們頂多能擦到日本西南角的邊邊，對其略施薄懲，但那兒只有一座工廠讓盟軍看得上眼。

布雷登回憶說：「從成都起飛，他們可以摸到〔日本〕九州的邊，但那裡只有一座鋼鐵廠算得上是目標……他們飛了一趟任務去那兒，結果大家都累斃了。」

為了讓你們了解李梅面對的挑戰，這裡有一個他們典型的任務：一九四四年六月十三日從加爾各答起飛了九十二架 B-29，其中十二架在越過駝峰之前就調頭返航。一架墜毀。最後抵達中國的有七十九架。他們加了油，再次起飛，其中一架一起飛就墜毀，四架因為機械問題返航，六架被迫拋棄炸彈，一架在前往日本的途中遭擊落。然後九州的天候又非常差，所以只有四十七架真正飛到鋼鐵廠的上空。而在這四十七架中，只有十五架真正看到了目標。而等到任務結束後統計，他們又損失了七架飛機跟五十五名人員。至於擊中目標的炸彈則只有一枚。就一枚。

你派出九十二架 B-29 到半個地球外，結果只有一枚炸彈擊中目標。

日軍從第二十轟炸機司令部身上獲得極大樂趣。他們最出名的心戰喊話人員「東京玫瑰」對盟軍空軍廣播說：「聽我說，弟兄們，飛回駝峰後面的印度吧。我實在不希望你們來送命。我們有一大票戰鬥機跟防空砲火等著你們，你們過不來的。那是自殺，弟兄們，自殺。」

一九四四年秋天的太平洋空戰，就是這幅景象。要比較誰的處境更荒謬：柯蒂斯．李梅還是海伍德．漢賽爾？很簡單。關島到日本，那叫作難，但印度到日本，那叫作難以想像。

一個更該問的問題是，這兩種荒謬處境，對其各自的主人產生了什麼樣的影響。首先來說李梅，這個人生可以跟解決問題劃上等號的男人。解決問題是他理解世界的方式。他不是個多富有個人魅力的人。他不是一枝獨秀的知識分子。他是個行動者。一如他很久之後說的：「我寧可要一個笨得可以但會去做事的傢伙——就算他做錯了都沒關係——那也強過一個躊躇不前，最後一事無成之人。」

這就是李梅的價值觀。所以想像一下他被派駐在印度，距離第一線的戰事有數千英里之遙，然後他被要求要解決一個解決不了的問題。當你得花十二加侖的燃油才能把一加侖的燃油運到喜馬拉雅山對面的時候，想要發動像樣的空戰就是痴人說夢。

再多的聰明才智或專心致志，都克服不了喜馬拉雅山的險阻。

在後人再三咀嚼李梅的歷史評價時，他們提出各式各樣的理論，去探究他是出於何種動機，才在隔年春天掌握了太平洋空戰的走向後，採取了那樣的行動。但我在想一個最直接也最簡單的解釋，會不會就是：當一個喜歡解決問題的人終於可以舒展手腳後，他就再也不會讓任何事情阻擋他。

然後是海伍德·漢賽爾。他有著不一樣的困境；他是真正的篤信者。

〈三〉

海伍德·漢賽爾抵達馬里亞納群島的第一項舉動，是問了一個任何頂天立地的轟炸機黑手黨都會問的問題：日本戰時經濟的關鍵罩門是什麼？我的新式 B-29 該攻擊什麼目標？而於他，答案是非常明顯的：日本的飛機製造工廠。問題是這些工廠位在什麼地方？

漢賽爾回憶說：「我們在塞班島有四、五十架 B-29（外加）十月三十號的最終期限。我們必須在這期限前對日本的飛機工業發起攻擊行動……但我們手中沒有關於目標的檔案；我們不知道日本飛機工業的所在地點。」

於是一組人員從美國出發，搭上了一架經過改造，專門用來進行空中偵察任務的 B-29。他們拍下了數百張照片，結果顯示日本的飛機製造工業——尤其是作為今日速霸陸前身的中島飛行機製作所——在東京與其周遭非常密集。盟軍已知中島飛行機製作所負責製造日本戰鬥機所需大部分的引擎。漢賽爾說：就讓我們先從那座工廠轟炸起吧，我們將能藉此癱瘓日本的作戰力量。

聖安東尼奧一號作戰，就是第一趟關鍵任務，就是那趟差一點葬送在颱風中的任務。在經過一週的等待後，漢賽爾的飛機終於順利起飛了。

B-29 機群從馬里亞納群島出發，以數千英尺的高度掠過了洋面。慢慢接近日本後，它們拉高了飛行高度來避免遭受攻擊。它們在來到富士山時右轉，由西向東進入了東京。此刻在陸軍航空兵的戰爭宣傳片中，搭配著東京市區的空照圖，朗諾・雷根描述了發生的一切：

六個小時後，他們看到了雲層後方的富士山——自古以來象徵日本的聖山。接著則是一些日本現代化的象徵，磷彈與高射砲，還有戰鬥機……以皇居為中心半徑十五英里的區域內，居住著七百萬日本人，那是群我們傳統觀念裡袖珍、嬌小、禮貌，生活中就是花藝、假山花園，還有養蠶取絲的民族。但這些士兵在尋找的並不是蠶或皇居。東京郊區有中島的巨型飛機工廠。這個嘛，兄弟，你還等什麼呢？

他馬屁有點拍過頭了。

聖安東尼奧一號具有極大的象徵意義。那代表日本終於不是天高皇帝遠了。但純粹作為一次軍事行動，聖安東尼奧一號算得上成功嗎？在戰爭結束後，在對空軍學院學員講話的時候，漢賽爾稍微嘗試美化了事實。「這次行動不如我們期待的成功，但作為這類嘗試的第一步，它讓我們知道這是做得到的。而那在當時原本是個被畫上大問號的事情。」

這次行動不如我們期待的成功，算是把話說得非常客氣了。第一次的空襲，只對中島飛行機製作所造成百分之一的損傷。漢賽爾隔三天進行了第二次空襲。這次他們連一顆炸彈都沒有投到目標之上。十二月二十七日，他派了七十二架 B-29 重返東京。他們沒打到工廠，卻讓一間醫院陷入火海。

最終漢賽爾一共追殺了那間工廠五趟，但對方基本上毫髮無傷。

這當中一部分的難處，跟轟炸機黑手黨在歐洲的問題是同一個：雲層。雲層讓透過諾登瞄準器在觀察的投彈手找不到目標。但天候方面的問題還有另外一個，那問題嚴重到甚至超出了當時的人的理解程度。

海伍德・漢賽爾的一名B-29駕駛員，艾德・海埃特（Ed Hiatt）中尉後來曾接受BBC紀錄片的訪問。他描述了當中的一次任務：

> 在飛了六小時之後，我們爬升到了轟炸的高度……我們來到三萬七千英尺的高度，然後就在我們突破了暴風圈後，富士山巍然矗立在我們眼前。那一幕真是令人嘆為觀止，說不出話來。

海埃特的投彈手，一個名叫葛倫的弟兄，開始在他們的諾登瞄準器上啟動計算，目標是中島飛行機製作所。但瞄準器上的望遠鏡就是無法與接近中的目標對齊。海埃特接著說：

他轉頭說道「我沒辦法讓這該死的望遠鏡對準目標」……於是我們聯繫了雷達操作員，確認了我們的地面速度，結果……他回覆說我們有一百二十五節的順風。他說我們的航速大約是每小時四百八十英里。但這是不可能的——那怎麼可能。哪有那種風。

哪有那種風。不曾有陸軍航空兵的飛行員經歷過 B-29 在日本上空遇上的風勢。風能吹到這種程度，他們壓根沒有想到。

「我們在應該要保持每小時三百四十英里航速的時候，飛到每小時四百八十英里……我說：『嗯，葛倫，把天殺的炸彈扔了。』他投了彈，但我們已經因為那股風勢而超過了目標十二英里。」海埃特說。

他們一頭霧水。回到基地，他們不知道該如何跟長官解釋。

他們在任務後聽取我們的報告，對我們非常不假顏色。他們覺得我們在胡說八道。「日本上空哪會有什麼時速一百四十英里的風。」他們說。「不，不可能有這種東西，不可能有這種風。你們在騙人吧。你們根本沒有飛過目標上空；你們只是編故事。」所幸我們的作戰官也在飛機上，他可以替我們背書。他說：「上面，真的有那種風。」

第二十一轟炸機司令部內部有一支氣象學者組成的團隊，他們是在芝加哥大學受的訓練。氣象學者對轟炸作戰的成功與否非常關鍵，尤其是在那個精密雷達尚未問世的年月。你必須知道目標上空有沒有雲層遮擋，或是有沒有颱風蓄勢要席捲你的司令部。

但那個年代的氣象學家只有一些很粗糙的工具可用。我知道這有點離題，但聊到二戰，我們很容易忘記那發生在跟現代科技有代溝的年代。就科技進展而言，二戰算是一腳在二十世紀，但一腳還留在十九世紀。當時氣象學家手中最大的王牌，就是氣球。精確地說是氣象氣球，而這些氣球可以飄到大氣層中，然後用所攜帶的小工具組來記錄下風勢、氣溫與濕度，然後用無線電將資料回傳。[4]

約翰．M．路易斯（John M. Lewis）作為內華達州沙漠研究所（Desert Research Institute）旗下國家劇烈風暴實驗室（National Severe Storms

4. 氣象氣球迄今仍為氣象學者所用。一天兩次，填充了氫氣或氦氣的氣球會從全球大約九百個位置同時釋放。附在氣球上一種叫作「無線電探空儀」（radiosonde）的器材可以測量大氣壓力、溫度與濕度，並將資訊傳回地面上的追蹤設備。

Laboratory）的研究員，認識一些氣象學同僚曾經在戰時的陸軍航空兵中服務過。我問他氣象氣球是否有繩子連在地面上。他的回答是：「喔不，氣球會被放走，最終會因為愈飛愈高、氣壓變低而膨脹、膨脹、膨脹，然後砰一聲爆掉，連著器材一起墜回地面。到那時，器材包裝上的訊息就派上用場了：『但凡拾獲此物者，請將之送還至芝加哥大學，地址下詳。』」

當然在二戰的太平洋戰區，這種做法顯然必須有所調整。

就這樣，這群氣象學者來到了太平洋的中央，身負整個司令部中數一數二重要的任務——搞清楚該在何時把轟炸機派出去——但他們對此根本毫無頭緒。那些飛行員回報說在日本上空遇上的超高速風勢，到底是怎麼回事？

我請教了路易斯，我問那些氣象學家有沒有理由懷疑富士山周遭的風勢可以快到如此不可思議。他的回答是：「他們是等到了飛行員一一返航後，才得出了相關的結論。」

一九四四年在每趟空襲日本任務後，返航的機組人員都在基地通報了相同的遭遇。艾德·海埃特回憶說：

你知道那些風有多強嗎：某回有架偵察機升空去拍照，為的是確認他們任務的成效，結果導航員表示他們正以每小時三英里的速度在倒退。那是轟炸機的大忌，因為如果由東往西飛，你就會變成日本戰機與高射砲的甕中之鱉。

飛行員們所遇上的，是後來我們起名為「噴射氣流」的東西，你可以想像那是一條在大氣上層繞著地球疾行的空氣之河，大概從兩萬英尺左右就會出現。日本科學家大石和三郎在一九二〇年代的一系列劃時代實驗中，其實已經發現了噴射氣流。但大石好死不死，是世界語愛好者，話說世界語是當時流行過一陣子的人造語言，而他又只以世界語發表了關於噴射氣流的發現，結果就是知道這東西的人少之又少。再加上在那之前，幾乎沒有人飛到B-29的高度過，因此第一手的噴射氣流報告也付之闕如。這兩項因素加起來，使得噴射氣流成了一個謎團。[5]

一如約翰·路易斯向我解釋的，「這種寬度很窄的快速氣流在南北半球都從西往東移動。基本上，它將極區的極寒空氣與較暖的中緯度跟赤道地帶空氣隔絕開來。」

當我問起他這噴射氣流究竟有多寬或多窄時，他回答說：「我會說典型的噴射氣流大約兩百公里寬，大概就是這個規模上下，上千公里寬是不可能的，五百公里寬有可能但很少，窄至一百公里者偶爾會有。」

這個發現之新，以至於沒有人知道噴射氣流會繞著地球跑。路易斯解釋說：「人類知道噴射氣流會繞地球一圈，要晚至一九五〇年代初期，當時我們才開始例行性地觀測美國全境與部分歐洲國家的高空狀況。」

噴射氣流是一道快到難以想像的狹窄風勢，繞行整顆地球。它會在夏天退縮至南北極，然後在冬季往赤道區移動。

而在一九四四年的冬天與一九四五年的初春，這道狹窄而風勢不輸颶風的氣流，直接切過了日本上空，而這也讓漢賽爾的飛行員無法遂行他們計畫中的精準轟炸。如果他們橫切過去，就會被側推；如果他們頂頭逆飛，就會被往後推而成為日軍的活靶；如果他們順著噴射氣流飛，就會航速過

---

5. 在大石和三郎之後，又有幾名科學家發現了噴射氣流。一九三〇年代，瑞典氣象學者卡爾—古斯塔夫．羅斯比（Carl-Gustaf Rossby）辨認出並描述了噴射氣流與後來被稱為「羅斯比波」的大氣波。在一九三五年，美國飛行員懷利．波斯特（Wiley Post）成為第一名直接體驗到噴射氣流之人。以熱中危險飛行實驗聞名的波斯特，在一趟高海拔洲際飛行嘗試中發現了噴射氣流這種強風。噴射氣流的名字，是某德國氣象學者稱呼其 strahlströmung 的直譯。

快而無法好好瞄準目標。

那個在一九三〇年代孵化於麥斯威爾機場，並在卡爾．諾登的才華中獲得生命的夢想，在日本上空跟一股強大的力量狹路相逢。

這跟轟炸機黑手黨在什文福跟雷根斯堡遇到的阻礙，是兩碼子事情。在歐洲，漢賽爾可以告訴自己這問題有辦法解決。他可以認定第一次空襲是在付學費，可以相信任務的表現會一次次愈來愈好。任何一個革命家都明白，通往突破的道路，絕不會是一條坦途。軟體程式設計師會先出beta版本，再出1.0版，然後2.0版，因為他們知道完美的軟體設計不可能一蹴可幾。

但關於在日本上空遇到的噴射氣流，2.0的版本並不存在，漢賽爾可以用來強化自身信念的修正也不存在。在噴射氣流中進行高空精準轟炸，不可能就是不可能。

革命家的夢想，會在他們遇到意想不到的阻礙時幻滅——我說的不是那種可以理喻的阻礙，像是經驗不足、操之過急，或是計算有誤差，而是一種你怎麼做都不為所動的障礙。在那軟弱與挫敗的瞬間，看著四周的夢想碎片，海伍德．漢賽爾就像在荒野中的耶穌一樣，面臨一款誘惑。就像聖經裡所說：

而聖靈充滿的耶穌從約旦回返，然後由聖靈引導在荒野中走了四十天，並在期間受到了惡魔的誘惑。

那惡魔做了些什麼呢？他帶著耶穌來到了一處高山山頂——傳說中位於耶路撒冷與耶律科之間那條路上的頂峰——然後給了他君臨眼前所見一切的權柄。

而後惡魔帶著他上了山，讓他在一瞬間目睹了世間所有的王國，然後告訴他：「我會給你這一切的權威跟榮光，因為這些東西被交到了我的手上，我想給誰就給誰。那麼，你只要崇拜我，這一切就都是你的了。」

你可以擁有一切，所有敵人都會對你俯首稱臣。你從這兩萬英尺的高度看下去，目力所及的一切都將成為你的領地與子民。你唯一需要做的，就是背棄你原有的信仰而出走。

第七章

那麼，只要你崇拜我，這一切就都是你的了。

〈一〉

海伍德・漢賽爾面對的誘惑，讓我們不得不暫時偏離主題。就這一章，我們將暫時不談飛機、不談轟炸任務、不談日本上空的強風。我們要來談一場會議。一場戰爭初期開在麻塞諸塞州劍橋的祕密會議。

那天在場的除了麻省理工學院的校長，其他與會者還包括但不限於一名諾貝爾獎得主、標準石油開發公司的總經理，還有兩名教授——哈佛的路易斯・菲瑟（Louis Fieser）與麻省理工的霍伊特・哈特爾（Hoyt Hottel）。

霍伊特・哈特爾作為他所屬領域的巨擘，日後將成為這個小組的主席跟精神領袖。

這場小組會議的舉行，是因為美國國防部科研委員會（National Defense Research Committee）前身的一聲令下。簡稱ＮＤＲＣ的國防部科研委員會作為一個政府機構，宗旨是要為美軍研發新武器。而其最著名的企劃，自然是曼哈頓計畫，也就是以數十億美元的預算要在洛斯阿拉莫斯（Los Alamos）研發出原子彈的計畫。但以二戰的規模而言，ＮＤＲＣ自然不會只有一個案子在進行。事實上，他們同時有許多其他的計畫在推動。他們會讓美國的人才在陰暗的角落從事祕密的研發。許多任務從開始到結束都不為人所知。許多理念根本跟美國明著追求的理想相互矛盾。在戰時的年月裡，說得老套一點，美國政府的右手都不知道它左手在幹什麼。而這隻左手所做很見不得光的其中一項計畫，就是哈特爾的這個小組委員會。

不同於在洛斯阿拉莫斯的那些天才，這些人不是物理學家。他們的任務不是想出更好的辦法去把敵人炸翻天。他們是化學家，是研究把氧、燃料與熱組合在一起的特定結果的專家，他們的職責是找出更好的方法把東西燒個精光。

霍伊特．哈特爾在戰後回憶說：「（一九）三九年一到，很多人就覺得我們參戰已經是遲早的事情，而我們的備戰狀況相當不理想……我們必須要對燃燒彈有更進一步的了解。」

哈特爾率領的這群化學家與產業高層與諾貝爾獎得主開始有時間就盡量見面。他們會計畫、會腦力激盪、會運籌帷幄。然後在一九四一年的五月二十八日，在芝加哥的一場會面中，他們獲致了團隊第一次真正的突破。哈特爾跟小組委員會成員分享了剛在德拉瓦州杜邦化學工廠內發生的一件怪事。那兒有群人原本在處理一種名為二乙烯基乙炔（divinylacetylene）的碳氫化合物，這是一種煉油的副產品，而如果你將之與色素混合，得到的油漆就會乾燥成一種強韌而濃稠的膠膜。但這種膠膜會不停地閃燃，對生產油漆的杜邦公司造成了一定的困擾。但對NDRC化學委員會上的那群縱火狂來講，這玩意卻非常引人入勝。

此時圍著會議桌，有個人舉起了手。我會去研究看看。說這話的沒有別人，正是哈佛大學的化學教授，路易斯・菲瑟。

菲瑟一八九九年生於俄亥俄州，大學在威廉斯學院主修化學，在哈佛拿到博士，然後在牛津與法蘭克福大學成為了博士後的研究員。在戰前，他是合成出維他命K的第一人。他的研究助理也是他的妻子，聰明才智不遜於他的瑪莉・菲瑟（Mary Fieser）。在那個年代，女性是不會被聘為化學教授的。但這並不妨礙這對夫妻聯手寫出二十世紀最定於一尊的一本化學教科書。路易斯基本上是個禿子，體型還有點過重。他留著八字鬍，香菸從不離手。

路易斯．菲瑟也是個愛幻想、點子多的男人。他出版於一九六四年的科學生涯回憶錄，是從他在戰時的工作說起，但隨即就詳述起他的各種發明，包括一種他品牌魂上身而稱之為「哈佛蠟燭」的隨身口袋型燃燒彈。有一章專門在講如何把燃燒裝置安裝在蝙蝠身上。有段長篇大論是在講述如何點燃一千加侖的浮油。有鉅細靡遺的設計圖為的是一款保證松鼠無法偷吃的餵鳥器。而壓軸最後一擊，則是有一章被獻給了他眾多愛貓中的一隻暹羅貓，名叫 Syn Kai Pooh，意思是「合成維他命 K」。

在賓州費城的科學史研究所，你可以在其檔案庫中找到一份訪談紀錄，受訪者是曾身為菲瑟同事，在耶魯跟哈佛教授過多年化學的威廉．馮．埃格斯．多爾令（William von Eggers Doering）。這段訪談長達數小時——但內容莫名地讓人欲罷不能。讓我們得以一窺那個科學家有權利發點小瘋的世界，也讓我們看到了多爾令如何回憶他戰爭初期在菲瑟實驗室裡的工作：

天啊，我們想做出來的是什麼化合物？喔對了，三硝基苯硝酸（trinitrobenzyl nitrate）〔笑〕……聽著：你把它放進——你記得那種粗壯的卡洛斯管（Carius tube）嗎？它們是用來進行一種分析，就是那種你在高溫下用硝酸去把東西消化掉而進行的分析。所以這裡有八分之一英寸厚的試管，直徑約一英寸，長度約兩英尺。總之你放進大約二、三十公克的TNT（三硝基甲苯），再倒〔進〕稍微多一點點的溴，不加溶劑。你封住這天殺的試管，將之置入炸彈——一枚鐵炸彈（就是指非導彈，也就是一般的自由落體炸彈）——你知道，就是那種用鐵絲纏住來加溫的炸彈〔笑〕……所以實際上，如果你把加熱管放進那小空間裡，然後管子爆炸，那試管的玻璃就會打到左邊一小

塊的鐵壁〔笑〕跟右邊一小塊的鐵壁。嗯，當然，半數的試管都會炸開！〔笑〕

要知道多爾令是一代化學大家。他發表的第一篇科學論文是在一九三九年，最後一篇是在二〇〇八年——八十年的辛勤耕耘。他在每一張我看過的照片裡，都繫著圓點圖案的領結。但在這場訪談中，他卻表現得活像個十三歲的化學小尖兵：

實驗室因為有溴所以很臭，然後你會納悶 TNT 何時會引爆！〔笑〕……喔天啊，那真的是太精彩了！德國人有個說法叫 *tierisch ernst*，是用來形容人擁有一種像動物一樣的嚴肅感。我必須說那個時期〔笑〕，這種程度的正經八百是很罕見的！〔笑〕

當路易斯．菲瑟菸不離手地來到實驗室時，研究所的學生經常會對他惡作劇。

菲瑟會下來跟他的學生講話，然後每次都會把還沒熄的菸頭扔到水槽中。所以我們玩的遊戲就是猜他何時會下來，然後事先把乙醚〔笑〕倒進水槽中，我們盼的是火可以燒起來。〔笑〕

盼的是火可以燒起來！

火不只是菲瑟地下室實驗室裡那些人的研究興趣。火還是他們的一種執念，一種堅持。所以當霍伊特．哈特爾告訴小組委員會說杜邦油漆工廠的一種配方會自燃後，你猜誰立刻舉起了手？這還用問嗎，當然是菲瑟。

我會去研究看看。而為了讓他的調查有個幫手，菲瑟立刻想起了他地下室徒眾裡的其中一人。在回憶錄中，他寫道：「我自願的主因是我在參戰前的研究團隊裡有一個人，他的條件非常適合去針對危險化學物質進行研究與評估。他就是E．B．赫許伯格（E. B. Hershberg）博士。」

我跟赫許伯格博士的公子勞勃．赫許伯格（Robert Hershberg）見了個面，我請教了他父親是如何與菲瑟搭上線的。勞勃回答說：「首先，他出身波士頓地區，〔而〕我覺得最簡單的回答是猶太人能找工作的地方有限，而菲瑟對宗教非常不敏感，所以他就落腳在了菲瑟的實驗室。」

赫許伯格博士在路易斯．菲瑟的形容中，「是有機化學界的實驗主義大師……對工程、機械繪圖、木工……與攝影都有相當之涉獵……再者，赫許伯格……於經手軍用爆裂物、引信、毒氣、發煙罐與手榴彈方面經驗豐富」，而且他還發明了一長串的裝置，包括「赫許伯格攪拌器、赫許伯格攪拌馬達，還有赫許伯格熔點測定儀」。

如勞勃回憶說：

在我們的地下室裡，有拆掉引信的炸彈這一類東西，而〔我〕也有爆炸的照片。有些燃燒裝置放在書桌抽屜裡……有些東西像筆記本裡也有內建的自燃設計，為的是如果你被抓到的話，你把上頭的筆抽出來，〔然後〕你會有半小時把所有事情包括你的希望通通寫下來，然後在裝置爆炸把建築燒毀前離開。

這就是E．B．赫許伯格。

所以路易斯．菲瑟去了德拉瓦調查杜邦那種讓油漆著火的化合物：二乙烯基乙炔。在返回哈佛之後，他跟赫許伯格就開始「烹調」一批批這種化合物。他們會把整批這種化合物放進平底鍋，往菲瑟地下室實驗室的窗台上一擺。他們注意到這種物質會逐漸從液體變成濃稠的黏膠。他們用棍子去戳這種膠狀物，點火，然後有了一種發現——我在此要引用菲瑟書裡的內容，因為這是其至為關鍵的見解——「當這種黏膠燃燒時，它不會重新變回液態，而會繼續保持黏稠的膠狀質地。經驗顯示我們可以用這種物質去做炸彈，藉此把一坨坨燃燒的黏膠散播出去。」

你投下炸彈，膠質就會四散。而這膠質不光是自己燃燒殆盡，大坨的膠質會四處紛飛，並附著在每一樣它們接觸到的表面——由此火就會一直燒、一直燒、一直燒。

接下來，赫許伯格跟菲瑟的工作就變成要想辦法來測試這種燃燒膠的新概念。為此他們在實驗室裡造了一個只有兩英尺高的木質結構，然後比較了各種膠質組成在燒毀木造物時的表現。二乙烯基乙炔表現不差，但一種由橡膠跟苯製成的黏膠表現更好。至於汽油的表現又優於苯。他們測試了琥珀色的煙燻橡膠片、白皺橡膠、乳膠、硫化橡膠。他們做出了一種原型，並將之裝在公事包裡，搭火車帶到了馬里蘭州，還將之交給了行李員搬送。行李員說：「這公事包怎麼重得跟炸彈一樣。」

接著他們嘗試了環烷酸鋁（aluminum naphthenate）這種由紐澤西州伊莉莎白市一家化學公司生產，具黏著性的黑色焦油。這種焦油不溶於汽油，但他們混入另一種叫作棕櫚酸鋁（aluminum palmitate）的東西而解決了這個問題。最終的成果，就是同時混入環烷酸鋁跟棕櫚酸鋁的汽油。

又名凝固汽油彈，通稱「燒夷彈」。

勞勃・尼爾（Robert Neer），《燒夷彈：一本美國傳記》（*Napalm: An American Biography*，暫譯）的作者，告訴了我燒夷彈為什麼那麼有效：

如果你追求的是高效的燃燒彈，那黏的東西會遠勝不黏的東西，因為東西夠黏，它才能牢牢抓住某樣物體，並將其所攜帶的輻射能轉移過去。這就是燒夷彈如此有效的原因。

如果你選用的膠狀物質過軟或過弱，那它就無法真正傳遞大量的輻射能到它所沾附的表面上。你可以想像一下俗稱「摩托洛夫雞尾酒」的土製汽油彈。這種汽油彈會在爆炸之際噴灑出汽油，對人或物造成嚴重的燒傷，但這把火不會燒得太久。相對之下，燒夷彈如果被扔到一樣東西上面，當中的膠質就會牢牢巴在上面。

過於鬆散的膠質，會形成他們蔑稱為「蘋果醬」的產物。換句話說，這種膠質中的球體會不夠濃稠，不夠固態到足以附著在物體上。真正恰到好處的材料，將能形成具有相當體積的塊狀。這種材料必須在過濃與過稀之間取得平衡。而那也正是燒夷彈最終雀屏中選的原因。

尼爾跟我走訪了哈佛大學的足球場，地點就在與主校園隔河相望的商學院後面。那裡就是赫許伯格與菲瑟在一九四二年測試燒夷彈的地方。赫許伯格想到了辦法把他們新發現的膠質做成炸彈：把一根包著白磷外層的TNT棒插到一罐燒夷彈的中間。磷的燃點極高，所以TNT一爆炸，把燃燒的磷推入燒夷彈中，膠質就會被點燃，接著就是高溫的小球朝四面八方噴發。炸彈的外殼，他們選用了原本設計來裝芥子毒氣的容器。勞勃・尼爾對那一幕的描述如下：

那天是一九四二年的獨立紀念日。他們二月十四日情人節當天，敲定了膠質的最終配方。然後他們想到可以用白磷作為點火的爆炸劑。最後他們從軍方處取得了炸彈外殼，打造出了燒夷彈的原型。

他們在地面上挖出了一處潟湖，直徑我推估大約一百英尺。那是個相當大的潟湖，主要是他們不希望傷到人。他們準備了一罐相當大的燒夷彈要在潟湖中心引爆。於是他們把炸彈安置在潟湖中央，潟湖裡滿滿的水，都是劍橋消防隊用運水車送來的。

燒夷彈就此誕生，在哈佛足球場中八英寸深的水裡受了洗。在進行研究過程中，勞勃．尼爾注意到那天現場照片裡的一個細節。

在測試剛開始的一些照片中，有一身白色運動服的人在網球場上運動。然後在炸彈爆開後，你會發現網球場變得空無一人……所以也許他們通知了所有人他們要進行燒夷彈的實驗，又或者他們只是讓在場的人繼續打網球，然後實驗一開始，運動的人自己跑掉了。我不知道實情是哪一種，但沒有人在測試中受傷就是了。在炸彈爆炸後，他們非常仔細地記錄了燒夷彈油球的分布與大小，因為那些資料將能幫助他們判斷最有效的濃度水準在哪。

菲瑟與赫許伯格把他們的發明帶回了NDRC，哈特爾也於此時意會到他終於找到了他們要的東西：燒夷彈——在哈佛大學完成研發，並在蜿蜒的查爾斯河畔臻於完美的燒夷彈。

〈二〉

燒夷彈是要幹什麼用的，從來沒人質疑過。誰都知道那是要用來對付日本。

珍珠港事件爆發幾個月後，兩名美國分析師在《哈潑》雜誌（*Harper's*

Magazine）上發表了一篇論文。兩名作者談到要對日本復仇，有個很簡單的辦法，火攻。大阪是他們研究的案例。大阪的街道非常狹窄，而窄巷就代表火勢可以不斷往對街延燒。話說大阪並沒有很多可以當作大型防火巷的公園。

再者，不同於西方國家的城市，日本城市的本體不是磚頭跟砂漿。直立的梁柱與橫向的托梁，乃至於住屋的地板，都是以木作為大宗。天花板的材料是浸過魚油的厚紙。牆壁是木頭搭配薄薄一層灰泥。屋內是榻榻米——日式的稻草鋪墊。基本上，日本的房子就是裝滿火種的木盒子。

這兩名分析師寫道，「在經過一番仔細計算後，我們判定在大阪中心共二十五平方英里的範圍內，可燃區的覆蓋率達到百分之八十，遠高於倫敦的百分之十五。」

百分之八十——幾乎全城都無以倖免。

這兩名作者並不是軍官或白宮的幕僚。你可以摧毀敵國某座城市之八成——主要是使其付之一炬——的想法，是一種異端邪說。威廉·雪曼（William Sherman），也就是在南北戰爭後率領北軍肆虐過南方的聯邦將軍，曾經眾所周知地火焚亞特蘭大。但不是整座亞特蘭大城，而是只有商業與工業區。雪曼沒碰在家中的平民一根寒毛。但在珍珠港事件後，上述的異端邪說慢慢為許多美國人接受。日本不是很多工業生產其實都在民宅中進行嗎？日本很多的備戰工作不都是同時在工廠跟客廳裡完成的嗎？這種行為的合理化，慢慢在美國民意中生根。

陸軍戰爭學院的歷史學者塔蜜·比德爾解釋說：

> 關於日本，當時的我們仍會告訴自己：「嗯，城市裡也有很多工業，」也就是英國人在改採區域轟炸時說服自己的理由。

如果你是個有道德觀念的人，是個希望晚上睡得著，希望自己的所作所為跟處事原則不會感覺相互矛盾的人，你就必須要能用語言跟概念去說服自己沒有做錯什麼……

當時那個時間點上，我們的決定是，「好了，手套可以脫掉了。我們無所不用其極也要把這個國家拉下馬來。」

霍伊特・哈特爾聽到了這些心聲，這些合理化自身想法的說詞。《哈潑》雜誌的文章他讀過了嗎？他肯定讀過了。NDRC要他去調查燃燒彈作為武器在戰爭中的實用性，於是他決定——不負優秀科學家的身分——將這種新武器，燒夷彈，實際測試一番。他設計了戰時最講究的一項實驗：他在杜格威試驗場（Dugway Proving Ground）這個位於猶他州沙漠裡，廣達八十萬英畝的測試設施中，安排了一場燃燒彈的實測。

哈特爾回憶說：「這些將軍並不相信科學家所做的事情，他們只相信眼見為憑，為此我們不得不打造出日本跟德國的村落。那些工程規模之大令人咋舌。」他們興建了兩組敵國房屋的完美複製品，也不管那裡其實是猶他沙漠的正中央。

哈特爾請來了一流的建築師。針對德國村落的部分，他找來幫忙的是埃里希．孟德松（Erich Mendelsohn）這名從德國出逃的優秀猶太裔建築師，他設計過一九二〇與三〇年代一些美輪美奐的裝飾藝術跟現代藝術建築。在日本村落的部分，他徵召了安東寧．雷蒙（Antonin Raymond）這名曾旅日多年，且至今都還在日本極負盛名的西方建築師。

哈特爾猶記得那些複製品蓋得有多一絲不苟：「我們判斷日本家舍裡那些甚具特色的兩英寸厚稻草墊子，榻榻米，是不可以馬虎的細節，因為它們會是炸彈從房屋上層穿越到下層的主要阻力，所以這東西不能省掉。」

他們打造了二十四戶日本民宅——十二組每組兩戶的複合體。他們納入了「障子」的設計，也就是那些日式的紙質滑門，還完美複製了日式的百葉窗。

安東寧·雷蒙也不是好打發的人。哈特爾回憶說：「雷蒙希望這些細活兒可以在紐澤西州他的眼皮子底下進行。我們這裡希望成品要坐落在猶他州。木材出自太平洋地區，木工要在紐澤西州完成——這是在開什麼玩笑。」

嫌完美主義者不夠多，我們還有哈特爾的專案經理，史林·邁爾斯（Slim Myers）。「史林說：『該死的，我們一點差錯都不能有。這些將軍不會因為我們少弄了某個極具代表性的東西，就把我們叫停。我們必須靠自己把一切都弄到分毫不差。』」

時間來到一九四三年的夏天，哈特爾的模型村落已經準備好接受測試。

軍方部署了一支轟炸機隊到杜格威。一架架飛機投下了燃燒彈，而在每一輪投彈過後，地面上的團隊都會重建各個損壞的部分。哈特爾首先嘗試了英國的高熱劑燃燒彈，那是皇家空軍指揮官亞瑟．哈里斯在其夜襲德國時的最愛。他們比較了英國高熱劑燃燒彈跟赫許伯格／菲瑟版燒夷彈，看兩者表現有何不同，其中燒夷彈是裝在代號M69的炸彈中。霍伊特．哈特爾偕團隊旁觀著一切，給兩邊打著分數。

哈特爾回憶說：「我們很早就決定我們不能等消防車來，我們必須衝出去把火給滅了。事實上，我們必須在落彈還沒結束之前，就先衝出去。」

哈特爾把他見到的各種火勢依毀滅性的高低，統整成三大類：（a）六分鐘內會失控者；（b）放著不管會毀滅一切者；（c）不具毀滅性者。燒夷彈是毫無爭議的贏家，因為它作用在日式房屋之上有百分之六十八的機會可以成為第一類，也就是在六分鐘內引發火勢失控。相對之下，英國的高熱劑燃燒彈排名第二，但效果遠遠落在燒夷彈之後。手握燒夷彈，美國等於有了一項超級武器。美國陸軍是如此地以他們的新炸彈為榮，他們甚至為此拍了許多高調的宣傳片。

M69燒夷彈的主體〔是〕用紗布做的襪子包住經過特殊加工的汽油膠。當被點燃時，膠狀的汽油會化身為一種具有黏著性而燒著火的物質，在直徑超過一碼的範圍內散播……它會以大約華氏一千度（約攝氏五百三十八度）的高溫燃燒八到十分鐘……用來空投時，M69會被處理成三十八枚一綑的集束炸彈……然後在釋放後展開，屆時個別的炸彈就會拖著紗布尾翼朝目標物落去。

〈三〉

假設你是轟炸機黑手黨的一員，而你正好也參與了杜格威測試場的燃燒彈實驗。你看著眼前維妙維肖的日式村莊複製品，聽著 B-29 轟炸機——屬於你的 B-29 轟炸機——從天際呼嘯而下並投下火的酬載。你親眼目睹火舌吞噬了房屋，你會作何感想呢？

我猜你會覺得困惑。轟炸機黑手黨沉迷於諾登瞄準器的潛力，那是種要用科技去重新定義戰爭的機器，為的是讓戰爭變得更加人道，是讓軍事將領再怎麼嗜殺，也有一條跨不過去的線。如果人類的聰明才智跟科學進步不能用來讓人類從事的毀天滅地得到一點改善，那這兩樣東西還有什麼意義呢？發展科技，不就是為了這個嗎？

但突然之間你身在猶他州的沙漠深處，在熾烈的太陽下，觀察著由美軍授權跟出錢的軍事演習。沒錯，就是那個出錢讓你研發諾登瞄準器的美軍。而這些人拿著科學與人類的創意，是想要改良燃燒彈。他們希望把這種燃燒彈從空中往下丟，然後讓底下的市區陷入鋪天蓋地的熊熊烈火。你之前拚了老命，就是希望盟軍的轟炸可以只摧毀具有戰略意義的工業廠房，而不要傷及無辜的平民。而如今美國陸軍卻要使用你研發的瞄準器去毀滅老百姓的家。你的政府——你在華府的軍事長官——在追求的是一種與你的理念完全相反的濫殺戰術。而這還沒算進新墨西哥州沙漠中的最高機密，那兒有全世界最頂尖的人才拿著數十億美元的資金在研發一種殺傷力之強，國際政治將隨之徹底改變的毀滅性武器。如果說燃燒彈是對精準轟炸原則的一種背叛，那原子彈又算什麼呢？我的天啊，那應該要算是科技界的猶大了吧。

但話說回來，在初始的憤怒褪去後，你大可以也產生另外一種想法。一種不請自來的想法。一種誘惑。

這是因為燒夷彈可以為海伍德・漢賽爾跟他所有的精準轟炸機解決一個迄今無解的問題，那就是精準轟炸根本行不通。十分掙扎的漢賽爾所面對的，是少有戰鬥指揮官在整場二戰空戰中面對到的困頓局面。他的轟炸機苦於東京上空的風勢與雲層而炸不到想炸的目標。所以轉念一想，也許也不用那麼麻煩去瞄準了，一把火燒了就一了百了。反正日本房子就是一個個裝著火種的木盒。漢賽爾只要把鐵炸彈換成燒夷彈，問題就解決了。他可以對日本發動「士氣轟炸」，只是用的武器要比英國人用在德國身上的那種，致命非常多。有百分之六十八的機率可以對日本民宅達到(a)類的效果：火勢會在六分鐘內失控。

在聖經中，耶穌在荒野中度過了四十個日與夜，期間不斷受到撒旦的誘惑。海伍德・漢賽爾在一九四四年十一月二十四日發動了他對日本的第一次空襲。他擔任第二十轟炸機司令部主官的最後一天，是一九四五年一月十九日。這代表他在馬里亞納的荒野中待了五十五天，每天都受著誘惑要為了有個機會可以擊敗日本，而放棄他一路奮鬥跟堅持至今的所有原則。

在這五十五天中，壓力在漢賽爾的身上愈來愈大。美國陸軍運了數千罐的燒夷劑到馬里亞納群島上，敦促漢賽爾要嘗試——總之就是先嘗試——對日本的大規模火攻。

漢賽爾幾乎每趟大型的任務，都會損失一架B-29。返航馬里亞納的容錯空間小到許多負傷的飛機會偶爾墜海在太平洋上，自此音訊全無。轟炸機隊的士氣一落千丈。回推一年前還曾經對精準轟炸無條件樂觀的同一個漢賽爾將軍，陷入了灰暗與憤怒。又一次在失敗任務中完全錯失主要目標後，漢賽爾的一名重要幕僚艾密特．「羅斯」．歐唐奈爾（Emmett "Rosie" O'Donnell）對空軍官兵進行了簡報，為的是幫大夥打打氣。「弟兄們，辛苦了，這任務真的有難度。但我以你們為榮，我們對得起這份工作。」接著換成漢賽爾，聲如洪鐘地對全場喊話。

「我不同意羅斯。我不覺得你們對得起自己的工作，還有這項任務。狀況繼續這麼下去……這次作戰將會以失敗作收。」漢賽爾身為指揮官，卻在所有人面前讓副官下不了台，這會賠上弟兄們對他的敬意。

歷史學者史提芬．麥法蘭對我這麼形容了漢賽爾：

他有點是那種悲劇角色。他的強項是思考，他為這項戰略的成形出了分力，他協助設計了作戰計畫，進而促成了盟軍對德國與日本的空襲。他幾乎就像個哲學家，他更像是個思想家。他更像是個——我很不想這麼說——一個弱雞加書呆子。

他不是個稱職的作戰指揮官，他不是個傑出的領導者。他滿嘴都是崇高的理想……他從來不說髒話，而在打仗的時候都不譙髒話的指揮官，飛行員不會多喜歡。飛官們要的是腳踏實地的長官，要的是知道打仗是怎麼回事的長官。

就此漢賽爾愈來愈邊緣。歷史學者塔蜜如是說：

我覺得當指揮官帶著一種必勝法進入戰爭時，他首先必須要秉持信念。他必須相信自己，因為如果連他都不相信自己，那你怎麼能把許多的弟兄送去戰場上賭命。

既然懷著一種理念把人送去戰鬥，你對如何實踐那種求勝的理念就有一份甩不掉的責任，對讓生命的犧牲產生價值就有一份放不下的責任，也對讓人力與財力不會白白付出有一份責任……

我認為從一九四四年的十月到十二月，一名指揮官在前線做著像漢賽爾一樣艱鉅的工作——他肯定只能一心一意。我認為他滿腦子只有一件事情，他只想著要如何讓事情能成。

在十二月底的某個點上，整個陸軍航空兵的第二號人物勞瑞斯．諾爾斯達直接對漢賽爾下令：在最短時間內對日本的名古屋發動燒夷彈攻擊。這用諾爾斯達的話說，是「規劃大計的迫切需求」。漢賽爾牛刀小試了一下，燒毀了算是小兒科的三英畝市區。接下來他就發動了鬼臉、聳肩、推託之術，答應要在把其他重要工作都消化得差不多之後，再找個時間去幹一票大的。

他拒絕向誘惑低頭。

而也因為他不肯聽話，諾爾斯達大老遠從華府飛了過來。接下來的狀況不用我講，你應該也能想像。大官從家鄉來視察，機場出動儀隊迎接，在漢賽爾之組合屋中的威士忌、雪茄、八卦。然後諾爾斯達出其不意地給了漢賽爾一記冷箭：你出局了。柯蒂斯·李梅會接手這裡。

「我感覺腳下整個空了——我徹底崩潰了。」漢賽爾後來就是這樣描述他當下的感受。漢賽爾有十天時間把工作收尾。這十天裡漢賽爾活像是行屍走肉。[1]

在離開關島前的最後一晚，漢賽爾挾著醉意為弟兄們高歌了一曲：「老飛行員不死，永遠不死，他們只是愈飛愈遠，愈飛愈遠……」

柯蒂斯·李梅駕著 B-29 來到島上交接。新舊任指揮官拍了一張合照留念。李梅說了句：「你們要我站哪兒？」快門咔擦一聲。

---

1. 漢賽爾最後的任務是在一月十九日。那次任務極其成功。六十二架 B-29 炸毀了川崎重工的工廠。歷史學者威廉·拉爾夫（William Ralph）表示：「整個園區內全數重要的建築都被擊中。產量僅剩一成。B-29 全數平安返航。漢賽爾隔天飛回美國本土。」那種諷刺於他是不可承受之重。

那之後，漢賽爾返美主持起在亞利桑那州的一間訓練學校。二戰對他，就此結束了。

「我後來有機會讀到他的一些受訪紀錄。」歷史學者史提芬．麥法蘭告訴我。「我拜讀了他的一些信函，他是一名真正心思縝密、懂得關懷他人的個體。他還是一名真正有信念的人，但他不是那種願意剝奪數十萬條生命的人。他不是那塊料，他沒有那樣的靈魂。」

第八章
一切皆已灰飛煙滅，那些與那些與那些。

〈一〉

軍事史家康拉德．克雷恩是柯蒂斯．李梅少將的專家。我請教了他關於李梅在一九四五年一月取代海伍德．漢賽爾，成為第二十一轟炸機司令部主官時的心態。

按照克雷恩的說法，「當他接手第二十一轟炸機司令部，第一次來到馬里亞納群島時，他還沒有把自身的最終版戰略想清楚。他依舊保持著開放的心態。」對比漢賽爾是個沒有彈性、堅持自身原則的男人，李梅則是個與之南轅北轍的典型。

凡事都有輕重緩急。李梅首先不滿意的是軍方在馬里亞納群島上的基礎建設，群島上所有的建築與設施都是出自隸屬於海軍的戰鬥工兵營，通稱「海蜂隊」。李梅對海軍向來的鄙夷一點都沒少，他心中永遠記得海軍是在多年前的轟炸演習中，那支作弊的軍種。

克雷恩說道：

他環顧四周，看到的是原始簡陋的設施，然後他發表了評論說：「這些肯定不行。」……他獲邀與當時也將總部設在馬里亞納群島的海軍上將尼米茲（Nimitz）共進晚餐。他到尼米茲上將的居所，而那是一個十分講究……幾乎像是宮殿的地方，然後在那享用了〔一頓〕極其正式的海軍晚宴，包括桌巾與侍應生什麼的都一應俱全。於是他邀請了尼米茲上將隔兩天找個時間，移駕來他這裡用晚餐，而尼米茲上將也來了，而他們在半圓形組合屋裡的晚餐，其實只是放在兩只木板箱上的C口糧罐頭。餐後尼米茲望著李梅說：「你想說的我懂了。」這之後他便開始增運建材給李梅，幫助他完善群島上的建設。

在實際作戰上，李梅首先把他前任的作戰方針拿來，弄出一個他的版本。他決定摧毀在東京的中島飛行機製作所。他這麼做，是要讓自己滿意，他必須確認漢賽爾作戰的失敗不是因為漢賽爾這個人。

李梅在一月份第一次執行了對中島製作所的轟炸任務。然後二月又執行了一次。三月初再一次。數以百計的B-29千里迢迢，飛向了日本東京。但忙了半天，中島製作所依舊屹立不搖。

他一頭撞上了跟漢賽爾一樣的阻礙。我什麼都炸不到，還妄想要用空戰逼迫日本投降嗎？克雷恩解釋說：「他能調整的都已經調整過了。他於是說：『好吧，我得嘗試新的做法。』」

他首先著手的目標是風。噴射氣流是一股沛然莫之能禦的力量。你無法用意念將之排開，而李梅也意識到只要有這股氣流礙事，他就什麼都做不了。精準轟炸的前提始於轟炸機必須高飛，高到免疫於敵方戰鬥機跟防空砲火。李梅將這前提拋出了窗外。他拍板了 B-29 必須飛在噴射氣流「下方」。

然後就是雲的問題。諾登瞄準器要發揮效果，投彈手必須看得到目標。但日本的多雲天氣比起英國可說是不遑多讓。在一九四五年二月，關島上的駐軍氣象士告訴李梅說整個三月，他們預期能晴朗到可進行目視轟炸的天數，不會超過七天。氣象士順便預測了四跟五月的可作戰等級晴天是各六天，六月則是只有四天。一個月只能轟炸六、七天，叫人如何對日本進行持續性的空襲？

李梅自傳裡出現了一段怪誕的意識流，當中他寫道：

多少次我們有志難伸，只能一籌莫展地困坐在這些群島上？我們集結了飛機，湊齊了炸彈、汽油、補給、人員。我們的組員都已就定位——萬事俱備，就等著出動去執行任務。然後我們做了什麼？我們把屁股愈坐愈大，等著天氣轉佳……那我現在想幹什麼呢？我想要擺脫天候對我們的控制。到時候我們就可以想出發就出發。

問題是，「擺脫天候對我們的控制」這句話，是什麼意思呢？那指的不光是他將讓飛機飛在噴射氣流以下，他還將讓飛機飛在雲層之下。他要讓飛行員飛在五千與九千英尺之間，這對任何帶領 B-29 去執行過轟炸任務的人來說，都是難以想像的低空。

克雷恩解釋說：「一旦他意會到自己不得不低飛，那一連串的其他結論就會一併被導出。」

合邏輯的下一步：精準轟炸理應是日間轟炸。你必須看得見目標，才能將瞄準器對準目標。但如果李梅的轟炸機在光天化日下低飛，那它們就會成為日本防空部隊的活靶。所以他的決定是：我們必須要摸黑出擊。

噴射氣流加上厚重雲層，代表必須低飛。低飛代表必須摸黑。再換成摸黑代表你必須跟精準轟炸說再見——不用再手忙腳亂地操作諾登瞄準器，不用再讓轟炸機進行密集編隊來配合投彈，也不用再辛辛苦苦計較目標到底在哪裡。

那麼，他要用哪種武器來進行夜間轟炸呢？燒夷彈。燒夷彈再完美也不過了。

李梅自什文福以來累積的怒火，還有在印度駝峰航線上遭受的挫折，至此再也壓抑不住。於是他在他關島的組合屋裡說：我現在要照我的方式幹。他為他的第一場大型攻勢寫下了任務計畫，但其中並沒有點名確切的轟炸目標——那是轟炸機黑手黨絕對會堅持要做的事情——他只寫下了一個籠統的地名：東京。然後，當他把計畫書上呈華府，要讓他的上司哈普．阿諾將軍審核之時，李梅特意安排讓公文在阿諾將軍人不在辦公室的日子送達，「以方便他先斬後奏，」克雷恩說。「他知道自己此舉非常冒險，也知道 **B-29** 極其珍貴……他打的主意是低飛夜襲東京，而且把大部分的彈藥跟機砲手都留在基地。」

李梅給飛行員唯一的自衛工具，只有機尾的機砲手。其他的機砲都被從飛機上拆掉了。他想要盡可能減輕飛機重量來增加燒夷彈的酬載。

擔綱那趟任務的官兵，都忘不了自己剛聽到指示時的反應。**B-29** 機組人員大衛・布雷登回憶起那次任務簡報說：

現場大家一聽都大驚失色，因為我們從來都覺得高飛是一定要的。然後你一走出去，你的飛機機腹已經被漆成黑色。所以你知道這次的任務跟以往不同……大部分人都覺得這趟是去送死。有些人進屋裡去寫信向家人訣別，你知道的，因為他們覺得低飛很難有人生還。

大家要知道五千英尺的高度不光是低，那是前所未聞的低。二十年後，海伍德・漢賽爾仍驚異於李梅的想法有多瘋狂：

我被問過我會不會做一樣的事情。我想摸著良心說，答案是否定的。我想我應該會把飛行高度設在一萬五千英尺左右。

在對防空砲火密度沒有確切情報的狀況下，以五千或一萬英尺的高度進場，在我看來是非常危險，也非常勇敢的事情，當然前提是結果必須符合預期。而我想那應該是李梅將軍個人的決定。

非常危險，也非常勇敢的事情。漢賽爾這話真的沒有需要過度解讀的地方，那就是件危險又勇敢的事情。那天的任務簡報讓李梅幾乎陷入了一場叛變，但要是你回到那天早上去質問他，他應該會回答你：我有什麼辦法？照他後來所說，「嗯，我某天醒來，一想我已經飛了兩個月，但還是一事無成。我最好拿出點成績來。」

難道真要他坐在那兒枯等雲層散開，噴射氣流走開，投彈手通通變成諾登瞄準器大師嗎？在錄製於戰後許久的一次口述歷史中，他記憶猶新的依然是海伍德·漢賽爾那不甚光彩的退場身影。關於自己所採取的策略，他在被問到時是這麼回答的：

問：李梅將軍，你低飛火攻的想法是怎麼來的？

李梅：我們當時有很多點子飛來飛去。但我基本上決定這麼做，我拍的板……沒有誰提過用燃燒彈夜襲。但〔我們〕必須拿出成果，我必須要想辦法讓成果有目共睹。要是我拿不出成績，或是我的推測錯了，那換一個指揮官就是了。漢賽爾不就是這樣，他拿不出成果，而那是不行的。

〈二〉

柯蒂斯．李梅傳奇中的幾乎每一個故事，都牽涉到他的冷血，他的無情，他不受動搖的冷靜。

在本書的第四章，我引用過他在戰爭初期的發言。當時他剛空襲完歐陸回來：

問：李梅上校，今天的任務順利嗎？

李梅：這個嘛，還滿順利的，就是比起某些日子無聊了點。戰鬥機都沒出來，高射砲不強而且準頭很差。

他才剛在敵境上空飛了幾小時，才剛被戰鬥機從四面八方跟被高射砲從下面射擊。就是比起某些日子無聊了點。

在歐洲，李梅曾堅持要他的飛行員不採取閃避動作，朝轟炸目標直飛過去。他手下每一名飛行員都很擔心這麼一來，自己跟機組人員會被防空砲火打下來。為此李梅說：第一趟任務我帶。還記得他後來說的是：「結果事情成了。我承認自己也有些不安，也不否認隊上有些弟兄很是緊張，但我們就這樣進行了第一趟的直飛轟炸，而結果是成功的。」

李梅手下的一名飛行員說當他向李梅坦承自身的恐懼時，李梅告訴他：「拉爾夫，你多半會陣亡，所以還是早點面對現實比較好。接受了，你的日子才會比較好過。」那就是經典的李梅。

但時不時，我們也可以從蛛絲馬跡中看到李梅的另一面——比方說當他說，「我承認自己也有些不安。」他這就是拐彎抹角在說他也害怕，但當然他不能大剌剌讓人看出這一點。[1]要是被飛行員嗅出你的恐懼，你就沒辦法帶他們上戰場了，所以他將恐懼轉化成不當回事的聳肩跟經典的輕描淡寫。李梅對於弟兄們的操練之鐵血，是沒有妥協空間的，但他不是閒著沒事才這麼做。他訓練一絲不苟是因為他把空軍弟兄放在心上。曾在關島服役於李梅麾下的聖克萊爾・麥凱爾威（St. Clair McKelway），曾執筆過一份李梅的側寫，當中有一行話我認為解釋了一切，而且寫得很美。李梅之所以嚴以治軍，是因為他「內心對紀律跟訓練不足會讓年輕組員在實戰中付出的代價，痛心疾首」。

在李梅的回憶錄中，只有一個地方看得到他真正卸下了情緒的心防。那是當他形容他第一次看到飛機的時候。還是個孩子的他站在家中的後院，那是在俄亥俄州哥倫布市的窮鄉僻壤。

> 突然間，在我的頭頂，出現了一架飛行機器。那架飛機橫空出世，而

---

1. 即使是在給妻子的家書中，李梅也驚人地沒有流露感情。三月十二日，也就是空襲東京的兩天之後，他像是件小事似地提到了這次攻擊：「我們前幾日去東京執行了成功的任務。我發了訊息回家通知妳《美軍時分》（*Army Hour*）節目的廣播時刻表，希望妳及時收到。我很高興妳喜歡那個晚宴包。我真是太溺愛妳了。我記得那可以抵一個月的家用。」

我一心只想抓住它……

孩子可以為了想抓住他們渴望的獎賞而爆發出強大的理想與創意。而當時沒有人攔著我，沒有人站在我旁邊說：「嘿，你只是個小孩。那架飛機在那麼高的空中，你跑再快也不可能追上，更不可能伸手去捉住它。」但我滿腦子只想著自己要把飛機抓下來供自己隨時把玩。於是我拔腿狂奔了起來。

他跑過了鄰居的後院，跑過了空地、人行道，但當然他不可能把飛機抓下來。「然後飛機不見了。但我永遠記得那玩意美妙的聲音與力量，那瘋狂的幻象，永遠記得由木頭跟金屬製成的那玩意，是如何劃破天際。」

他回到家，哭了起來。

李梅唯一承認真實的情感，是在他訴說兒時故事的時候，而他投注情感的對象，是一台機器。像海伍德．漢賽爾等轟炸機黑手黨的道德觀，我們不難理解，因為他們會高談闊論那些倫理道德。我們可以用某種符合我們良心的方式去發動戰爭嗎？但李梅則需要我們用力一點去鑽研，才能有所理解。

李梅的女兒珍．李梅．拉吉（Jane LeMay Lodge）在一九九八年的口述歷史中談到這點。

> 有兩篇很惡劣的文章說他想要發動第三次世界大戰，說他是個好戰的鷹派……然後你讀到戰時一篇訪談說他們進行了低飛的轟炸——而他沒有能參加那次任務——他只是站在跑道上數著那些飛機，但他明知道會有多少飛機起飛。
>
> 數算那些飛機，站在跑道上直到最後一架子弟兵的飛機返航。是說，

一個沒血沒淚的虐待狂，一個不在乎自己行為後果，也不在乎自己踩在誰身上的人，是做不到這種程度的。

所以對於他打算對日本發動的攻擊，李梅作何解釋呢？嗯，他多半會說速戰速決是軍事將領的職責所在。他會說讓生靈塗炭的關鍵不在於戰爭用的技術，而在於戰爭進行的長度。你如果真的在意弟兄們的生命，真的在意敵國百姓受到的荼毒，那你打起仗來就更要狠、更要果決，更要展現雷霆之勢。因為只要你夠狠、夠果決，夠雷霆手段，那原本兩年的戰爭就可以縮成一年，那樣豈不是最好的結果？

撒旦誘惑耶穌，靠的是讓祂統治眼前的萬國——讓祂有機會可以擊潰羅馬的敵人——為此耶穌只須臣服於一名神學家口中那種「為惡以行善，用好的結果來合理化不正當的手段」的誘惑，但祂挺住了。在這一點上，海伍德．漢賽爾是耶穌派的，他也認為：就算可以帶來好的結果，你也絕對不能採取邪惡的手段。但李梅則會認真思考與撒旦合作的可行性。他很可能會因為可以讓事情趕緊有個了結，而不惜出賣自己的靈魂。

一如他在多年後所說的，「戰爭是醜惡、殘酷的行當，你會因此奪走很多人的性命。這是無可避免的。我認為任何有良知的軍事將領都會設法將殺戮降至最低，而對我來說要減少殺孽，最好的辦法就是速戰速決。」

他在向機組人員宣布新任務時是這樣說的：我的提議聽來瘋狂，我不是不知道。但那是我們終結這場戰爭的唯一機會。否則我們還有哪條路可走？你想要回到海伍德．漢賽爾的時代，在跑道上枯等天氣放晴嗎？那我們可能好幾年都得耗在這裡了。在德國，納粹已經來到投降邊緣。在美國，那些為了支持戰爭而苦了四年的父老兄弟們已經筋疲力盡。柯蒂斯．李梅不覺得自己還有時間可以浪費。他必須採取行動。

〈三〉

於是應運而生了：聚會所行動（Operation Meetinghouse）。一九四五年三月九日晚上，柯蒂斯．李梅第一次對東京進行的全面空襲。

當天下午，有例行的行前記者會。讓海伍德．漢賽爾打包走人那位勞瑞斯．諾爾斯達將軍再次從華府飛來。他偕李梅向各家媒體的戰地特派員做了簡報，並告知了他們什麼可以報，什麼不能報。會後轟炸機便一一從關島、天寧島與塞班島的機場起飛——組成了共計超過三百架 B-29 的無敵天空艦隊。它們全都把燒夷彈裝載到了極限。李梅站在跑道上，數著飛機起飛。

第一架離地的轟炸機要飛抵東京，最快也要隔天一早。所以這天剩下的時間，在島上的人只能枯等。晚間李梅到行動指揮室，在那兒的板凳上坐著抽雪茄。

聖克萊爾・麥凱爾威作為駐基地的公共關係官員，在凌晨兩點發現了他孤獨的身影。李梅已經把所有人都趕回家了。「我要自己一個人熬過這一夜。」李梅告訴麥凱爾威。「不可知的變數太多……我睡不著……平常我可以，但今晚不行。」

麥凱爾威日後會拿他跟李梅在關島上的經歷，寫成一系列的長篇報導登在《紐約客》上。[2]他對於那個漫漫長夜的描述，非常值得引用：

李梅派出其 B-29 前往東京上空五、六千英尺處的這個決定，增加了機組人員所冒的風險，由此他深感自己對弟兄們有一份深深的責任；他

2. 在從《紐約客》離職後，麥凱爾威開始在陸軍服役，軍階為中校。作為一名擔任對外窗口的軍官，他的角色包括審查各種可能會對同僚與長官造成傷害的新聞報導。他在戰後從事的報導工作，包括在老東家《紐約客》期間的作為，曾遭受輿論斥責是信口開河跟在替（李梅的）戰爭罪行搽脂抹粉。

賭上的是整個B-29轟炸計畫的成敗，那……於私於公都是對他重如泰山的任務；他賭上的還有他自己不光是在陸軍的前途，我認為，還有他做為一個人類的將來。如果他因為低飛的決定而損失了七成的飛機，或甚至是五成的飛機，乃至於即便是兩成五的飛機，他都完蛋了。我認為到時候，像他這樣的人，會完蛋得非常徹底，因為屆時他將完全失去自信。

麥凱爾威在長椅上坐下，靠在李梅身旁。「如果空襲照我的意思成功了，我們就能縮短這場戰爭。」李梅對麥凱爾威說。這話已經是他的口頭禪了。他看著手錶，來自日本的第一批報告還要等上半小時。

「你要不要來瓶可樂？」李梅說。「我可以不吵醒其他人，偷溜進我的寢室，拿兩瓶可口可樂過來。我們可以到我車上一起喝，那樣半小時一下就過了」……我們坐在黑夜裡，面對著總部周遭，那在我們身處的空地與大海之間變得益發濃密的叢林。

這兩人會在共同的等待中，度過這場戰爭中貨真價實，最長的一夜。

〈四〉

柯蒂斯・李梅的 B-29 轟炸機隊的目的地，是東京中部跨隅田川兩側約十二平方英里的長方形區域。那當中包括一個工業區、一處商業區，還有數以千計以工薪階級為主的家戶，而這三者加總起來，構成的是當時全球人口數一數二稠密的都會區。[3]

第一架超級空中堡壘在剛過午夜時飛抵東京，並隨即投下照明彈，標註出轟炸目標區。然後就是一陣狂轟猛炸。成百的轟炸機——翼展驚人的巨獸怒吼著掠過東京，其低飛的程度讓整座城市都受其引擎之轟隆而震動。美軍原本對防空砲火之擔心，被證明是毫無根據的多慮：日本對於從五千英尺衝出來的攻擊，完全是空門大開，毫無反擊之力。

燒夷彈大串大串從B-29落下。它們的外形是二十英寸長的小鋼管，重約六磅，內含固態的汽油凝膠。這些迷你炸彈每一顆都拖著長長的紗布尾翼，所以如果那晚你人在東京，抬頭看著天際，你會欣賞到一幅難得一見的美景——從天而降數以千計的鮮綠色匕首。

然後是一聲：砰！觸地的一瞬間，成千上萬的小型爆炸四處可見。嗆鼻的汽油味。燃燒著的汽油凝膠一球球炸開在東南西北。接著又是第二波轟炸機。第三波。空襲從頭到尾延續了將近三小時；共計一千六百六十五噸的燒夷彈被投下。李梅的幕僚經過事前的計算，判定這種數量的燃燒彈以這樣的密度投下，會產生出「火焰風暴」——一種強烈到可以自創並維繫其風勢系統的火勢。一切盡如李梅幕僚的預測。十六平方英里的範圍內陷入一片火海。

建築物還沒被火舌波及，就自行爆出火焰。背上綁著嬰孩在逃命的母親直到停下來喘氣，才發現她們的寶貝已經著火。民眾縱身躍入隅田川分支出的運河，下場卻是因為潮水湧入或被後續跳入的數百人壓住而溺斃。眾人緊攀住鐵橋，直到金屬燙到他們受不了，才只好鬆手墜向死亡。

那晚盤旋在東京高空的，是率隊的轟炸機——上頭搭的是李梅的副手，

3. 如環境歷史學者大衛·費德曼（David Fedman）所指出，東京空襲時的軍用地圖顯示人口密集的工薪階級平民區域被刻意鎖定。原因為何？這是因為窮人的房子很容易著火：「人口緻密的市區與燃燒彈火攻的目標區重疊，並不是單純的巧合——規劃戰爭者就是欺負平民住宅區的弱點，就是要利用其『紙糊與三夾板』結構的可燃性獲致戰果。」

湯米・鮑爾（Tommy Power）——他在機上調度空襲。歷史學者康拉德・克雷恩說鮑爾坐在駕駛艙中，繪製著他眼前看到的一切：

〔鮑爾〕說道：「空中的燃燒彈密到就算你能騰雲駕霧，也穿不過去。」凌晨兩點三十七分，目視最大的燃燒區域是大約四十個街區長、十五個街區寬的範圍。煙霧一舉衝到了兩萬五千英尺的高度……在他畫下最後一幅素描，也就是他開始動筆的〔……〕大約一個小時後，同時燒著的已經基本有二十個獨立的區域，每個區域大小從五十到一千個街區不等。而他最後一份報告表明火光可以從一百五十英里外看到。

戰後的美國戰略轟炸調查團做出了以下的結論：「六個小時內在東京

大火中喪命的人數，恐怕已經打破了人類有史以來的最高紀錄。」一夜之間，不下十萬人成了戰爭的冤魂。機組人員返航後仍不住地顫抖。

參與任務的大衛·布雷登回憶說：「老實講，看著那些陷入火海的城市，就像看著地獄的入口。我是說，那火勢之大令人難以想像。」

康拉德·克雷恩補充說：「他們的高度只有大約五千英尺，算是相當低……他們低到可以聞到瀰漫在機艙內的烤人肉味……他們貨真價實地必須在返航後煙燻機艙來去除異味，否則那股人被活活燒死的氣味就會縈繞在機身內，久久不散。」

隔天晚上，人在關島的李梅在午夜前後被喚醒。空襲時拍攝的空照圖已經洗出來了。消息一傳開，島上官兵一個個覺也不睡了，直奔總部而來。一時間外頭停滿了吉普車，房間裡擠滿了人。睡衣還穿在身上的李梅把照片一張張放在明亮燈光下的大桌上。照片上的畫面，讓現場瞬間陷入了無聲的震驚。聖克萊爾・麥凱爾威也是站在擁擠房間內的一員，而他記得李梅指著遭到空襲的廣大區域。「這全部都沒了。」李梅說。「這個沒了——這個——這個——這個。」

勞瑞斯・諾爾斯達站在李梅的身邊說：「一切皆已灰飛煙滅，那些與那些與那些。」[4]

---

4. 雖然有不計其數的人不幸喪生，但三月九日的空襲迄今仍無日本官方設立的紀念碑。那一夜的生還者自稱「記憶社運分子」，而他們拚了命，就是要在政壇與社會大眾的漠然中紀念東京空襲。最終他們以自身的經費，成立了民間的紀念館——東京大空襲暨戰災資料中心。在他即將發行的紀錄片《紙糊的城市》（*Paper City*，暫譯）中，導演艾德里安・法蘭西斯（Adrian Francis）訪問了一九四五年東京空襲暨大火的倖存者，以便把他們的故事保存下來，也為他們「不容青史盡成灰」的奮鬥留下紀錄。

第九章
即興的毀滅

〈一〉

在一九四五年三月的火攻東京後，柯蒂斯·李梅與第二十一轟炸機司令部繼續像野獸一樣，輪番直撲了日本其他城市。大阪、吳市、神戶、西宮市。李梅燒毀了百分之六十八點九的岡山縣，百分之六十的德島縣，還有百分之九十九的富山縣——半年之內，馬不停蹄地有六十七個日本城市遭到肆虐。在戰爭的亂局中，沒有人能說清有多少日本人於此間丟了性命——也許五十萬。也許一百萬。八月六日，一架經過特殊改裝的艾諾拉·

蓋號 B-29 從馬里亞納群島起飛，在廣島投下了全世界第一顆原子彈。但李梅仍沒有停下轟炸腳步。在他的回憶錄中，美國的兩顆原子彈只得到了短短兩頁的篇幅。那是別人出的任務，對此他分得很是清楚。

我們的 B-29 在八月八日前往了八幡市，燒掉了百分之二十一的市區，然後在同一天，另外一群 B-29 前往福山市，燒掉了百分之七十三點三的市區。當八月九日的第二顆原子彈在長崎上空被投下時，日本人還是沒有尖叫崩潰。我們仍繼續在飛。我們在八月十四日去了熊谷市……摧毀了百分之四十五的市區。同一天我們飛完了最後一趟任務，目的地是〔伊勢崎市〕，並在那裡造成了百分之十七的破壞。接著機組人員返回馬里亞納群島，並被告知日本已經投降。

李梅總說原子彈是畫蛇添足。真正的工作早就有人做完。

〈二〉

關於他的火攻作戰，李梅有個他津津樂道的故事。你在他的回憶錄中跟他退役後接受的訪談中，都看或聽得到這個故事。每次說起這個故事，他用的語言——遣詞用字、情節的鋪陳與順序——都如出一轍，就好像那是他某個固定戲碼一樣。這故事牽涉到與他同朝為官的喬瑟夫·史迪威（Joseph Stilwell）將軍。

史迪威是二戰時中緬印戰區的美軍司令。他是李梅上一代的人，也是出身西點的傳統美國陸軍。尖酸的他有個「醋喬」（Vinegar Joe）的外號，個性精明而暴躁。他辦公桌上擺著一面偽拉丁文的座右銘牌——*Illegitimi non carborundum*——別讓渾蛋把你壓落底。史迪威當然是李梅想見的人。

有天他也真的禮貌性地去拜訪了史迪威。

這個故事，李梅自己是這樣說的：

我前往新德里拜訪他。他人在叢林裡的某處。嗯，我沒打算去叢林裡移樽就教。我只是留了張名片，跟他的首席幕僚打了個照面，然後就回家了。

這樣的故事開頭非常「李梅」：微微在引戰或挑釁。我沒打算去叢林裡移樽就教。此後李梅又試了一遍，然後沒過多久，他終於在中國成都的B-29集結基地見到了史迪威。李梅想讓史迪威知道第二十轟炸機司令部在打的主意。

我帶著他在基地四處參觀，向他說明了我們的任務內容，然後吃了晚餐，接著〔我〕徹夜未眠與他對談，試著讓他了解戰略轟炸是怎麼回事，還有我們想怎麼做，包括具體的任務執行等等……我連一壘都上不去。不開玩笑，怎麼試都上不去。

他的意思是，他在對牛彈琴。

他們這兩位威名赫赫的將軍，在中國四川的深山裡吃了飯，又喝了酒。李梅不斷想向這位同僚解釋自己在做什麼，想做什麼，還有他覺得 B-29 這種神奇的新飛機能辦到什麼。他試著想溝通的道理，是空中力量不是只能用來輔助地面部隊——空軍還有別的用法。空中力量可以用撐背跳的方式跨越前線，直接攻擊敵後，可以剷除你鎖定的敵方工廠、電網與整座城市。

他有提到燒夷彈嗎？他肯定有。猶他沙漠裡的日式建築複製品是紀錄有案的工程。而李梅起碼已經在對日的轟炸任務中用過一次燒夷彈。所以搞不好他不僅提到過燒夷彈，還進一步跟史迪威說了：我們可以讓整個國家付之一炬。

而史迪威——作為二戰美軍中不遜於任何人的灰髮老狐狸——完全沒概念李梅在說些什麼。這話什麼意思？你要從空中發動一整場戰爭嗎？

一年之後日本投降，這兩人也再次相逢。

而我再見到他，是在日本橫濱的密蘇里艦上。他也出席了受降典禮。而當我們進到橫濱的市區——橫濱當時是個人口大約四百五十萬的城市，我想——但我在那裡看到的日本鬼不到一百個。我相信當時的居民肯定不止那些，但他們都躲著不敢讓人看見。

李梅空襲橫濱是在一九四五年五月，比炸東京晚兩個月。逾四百五十架 B-29 投下了兩千五百七十噸的燒夷彈在橫濱，造成半座城市被燒為灰燼，死亡以萬計。在日本投降當日於橫濱會面後兩天，李梅與史迪威又在關島碰了頭。李梅對此回憶說：

〔史迪威〕來見了我，而他說：「李梅，我來是要告訴你我終於明白你之前跟我說的是什麼了……我是看見了橫濱的模樣，才得以恍然大悟。」

為什麼一開始在中國成都的時候，史迪威會聽不明白李梅想傳達的訊息呢？史迪威可不是什麼嬌羞靦腆的小生，他走在橫濱的斷垣殘壁中可亢奮了。他在日記裡寫道：「真是太過癮啦，瞪著這些自以為了不起的大餅臉、暴牙、O形腿的醜八怪跟王八蛋，然後想著他們現在內心有多痛苦。四下有許多新復員的士兵。大部分警察都會向我們敬禮。民眾普遍一臉木然。我們幸災樂禍地看著這一片毀滅，直到三點才心滿意足地回去。」

史迪威就是這樣的人。但即便是這樣的人，他也得親眼看到空中力量對橫濱造成的打擊，才能明瞭李梅所說的意思，因為李梅在中國跟他說的那些事情，都超乎了這位老將軍的想像力。他在西點軍校受的教育，是士兵跟士兵打，大軍跟大軍打。史迪威這世代的戰士要花點時間，才能理解美國陸軍軍官要是真的有心，竟可以把事情做到這種程度：以城市為單位摧毀敵人，一個接著一個。

羅斯福的戰爭部長，亨利．史提姆森（Henry Stimson）也有相同的反應。美國能在二戰初期打造出強大的戰爭機器，史提姆森絕對居功厥偉。他是個傳奇，是老一輩政治家中最具分量者，是血統純正的政治貴族，是討論任何軍事戰略或戰術時，房間裡的大人。但這樣一名舉足輕重的人物，卻對自家空軍在打什麼主意顯得一無所知。

哈普．阿諾將軍作為陸軍航空兵的首腦，曾經一本正經地告訴史提姆森說李梅正努力讓日本平民的死傷降到最低，而史提姆森也相信了他。直到五月底，李梅第二次火攻了東京，史提姆森才宣稱他對在日本發生的事情感到萬分震驚。震驚？此時距離李梅第一次空襲東京，讓十六平方英里的市區付之一炬，已經事隔兩個半月了。

歷史學者始終對史提姆森的狀況外百思不得其解。[1]軍事史家朗諾．

1. 史提姆森留下了複雜的歷史遺產。在私下的文稿中，他表達了對平民傷亡的關切，並反對摧毀包括京都在內的傳統日本文化重鎮。但歷史學者也指出史提姆森對於燃燒彈空襲的不明就理，似乎不是三言兩語可以撇清，甚至根本有不可告人的內情。在歐洲戰場，曾有一份極具殺傷力的美聯社報導指出美國軍方計畫「要對德國的人口密集中心進行刻意的恐怖轟炸，藉此來加速希特勒的覆亡」，對此史提姆森還特地跳出來帶風向說：「對平民進行殘酷的空襲從來不是我們的政策立場。」

沙弗（Ronald Schaffer）在其所著《審判之翼》（*Wings of Judgment*，暫譯）中是這麼說的：

堂堂戰爭部長，有可能對三月十日的東京空襲所知比《紐約時報》的讀者還少嗎？他為什麼會接受阿諾表示會盡量減少空襲對日本平民的影響的說詞？難道他是在暗示自己並不想知道陸軍航空兵在對敵國百姓做些什麼事情嗎？

我在想史提姆森的盲目，是不是有著跟史迪威的盲目一樣的緣由。是否李梅那個夏天的所作所為，單純超乎了他最極限的想像。

很多時候談到對日戰爭的結束，我們都會直覺談論起一九四五年八月，投下在長崎與廣島的那兩個原子彈。對日本動用核武，是經過深思熟慮與審慎規劃後的決定。高層對此進行過無數次的辯論與長時間的煎熬。我們應該使用原子彈嗎？要的話，應該用在哪裡？一次還是兩次？我們會不會因此立下危險的前例？一九四五年的春天羅斯福去世後，杜魯門繼任美國總統，而杜魯門接受了軍方與科學專家小組的建言，還在事前再三斟酌，夜裡輾轉反側之後，才做成了這個艱難的決定。白宮走廊上滿是他躊躇徘徊的足跡。[2]

但李梅轟炸日本完全不是這麼回事。李梅那年夏天狂轟濫炸，背後完全沒有什麼正規的計畫，也沒有來自直屬長官的精確指示。華府作戰幕

2. 在他一九四五年七月二十五日的日記中，杜魯門寫道：「我們發現了人類有史以來最恐怖的炸彈……這種武器將於此刻到八月十日間用在日本人身上。我已經諭知戰爭部長史提姆森先生要針對軍事目標與士兵與水手來使用這種武器，不可以針對婦孺。即便日本鬼是殘酷、凶暴、瘋狂的野蠻人，我們作為帶領世界追求人類最大利益的領袖，也不可以把這武器投在日本的新舊首都上。」

僚所策劃中的火攻作戰，其規模只有六座日本城市，不是什麼六十七座。但時間來到一九四五年七月，李梅已經轟炸起並無戰略重要性的日本小城——那些地方沒有工業，只有平民，住在火種盒子裡的平民。歷史學者威廉．拉爾夫稱李梅那年夏天的轟炸作戰是「即興的毀滅」：

令人吃驚的是如此致命的作戰……會出自野戰的指揮官之手。這種作戰規劃怎麼會獲得首肯？從頭到腳都是道德爭議與政治性後果的這個決定，怎麼會落到一名青壯指揮官的手中去拍板？上頭長官的擔當去哪兒了？高層對下屬的節制去哪裡了？

但在更高層，像史提姆森或史迪威這樣的人並不能——也不想——嘗試去理解李梅在做的事情。他們眼不見為淨的除了李梅那年夏天規劃並造成的毀滅規模有多大，還有這種行為背後的膽子有多大。有個人在馬里亞納群島上愛上了燒夷彈，想出了辦法繞過天氣的干擾。然後就此欲罷不能，一炸再炸。

〈三〉

盟軍對日本的登陸作戰，讓日本跟美國軍方都非常緊張，所幸事情不需要走到那一步。一九四五年八月，日本投降。這正是李梅在三月的那個晚上派出了第一批B-29無敵艦隊後，心裡期待的結果。他對同坐在車內的聖克萊爾．麥凱爾威說：「如果空襲照我的意思成功了，我們就能縮短這場戰爭。」你打起仗來要愈狠愈好，愈兇愈好，而你得到的回報就是能速戰速決。

歷史學者康拉德．克雷恩對我說：

我其實曾在東京對一群日本聽眾講過火攻東京的主題，而在演講尾聲，一名年長的日本歷史學者起身說道：「就結果而言，我們必須感謝你們美國人，感謝你們的燒夷彈與原子彈。」這話著實讓我吃了一驚。然後老人家解釋說：「我們最終免不了要投降，但要不是東京大轟炸與兩顆原子彈的影響，我們不會在八月份就這麼做。」

換句話說，這名日本學者的看法是：要是沒有燃燒彈跟原子彈，日本人就不會那麼快投降。而要是日本人不投降，蘇聯就會入侵日本，接著美國人也會登陸，然後日本就會被瓜分，變成戰後的東西德與南北韓那樣。

克雷恩補充說：

另外一件可能發生的事情，是日本可能會在冬天餓死千百萬人。事實上由於日本提前在八月投降，麥克阿瑟將軍才有了時間帶著占領部隊抵日，也帶來了可以讓日人充飢的食糧……我是說，那也是麥克阿瑟將軍的一大成就：帶著大量的食品赴日，避免了一九四五年冬的饑荒慘劇。

他說的麥克阿瑟，自然是道格拉斯．麥克阿瑟（Douglas MacArthur）將軍，盟軍在太平洋戰區的最高統帥，接受日本天皇降書的盟軍代表。

柯蒂斯．李梅的做法，讓美國人跟日本人在最短的時間內恢復了和平與繁榮。一九六四年，日本政府頒發了勛一等旭日大綬章給李梅，那是日本官方授予外國人的最高榮譽，為的是肯定他協助重建了日本航空自衛隊的功勳。「過去的就過去了，」當時的日本首相回應國會中的反對聲浪說。「我們以獎章來回報將軍對航空自衛隊的卓越貢獻，是再自然也不過的事情了。」

退役後的某日，海伍德．漢賽爾在報紙上看到了授勛的新聞，而我確信他心裡一定會很納悶自己為何沒有也得到獎章，畢竟他曾經堅持不肯增加日本平民的傷亡。問題是不論理念再崇高，我們就是不會頒獎給沒有把任務完成的人，是吧？戰利品，是屬於勝利者的。

但即便柯蒂斯．李梅打贏了戰爭，拿到了獎賞，為什麼感動我們的仍是對海伍德．漢賽爾的懷念呢？浪漫的、理想主義的那個海伍德．漢賽爾，熱愛《堂吉訶德》，認同人應該要像個英勇的傻子一樣對風車衝鋒，明知不可為而為之的海伍德．漢賽爾。我們可以佩服、尊敬柯蒂斯．李梅，可以嘗試去理解他的選擇。但漢賽爾才是我們的心之所向。為什麼？因為我認為他提供了我們一個典範，他親身示範了我們可以如何在這個現世謹守著道德底線。我們生活在一個工具與科技日新月異的時代，但這些新科技要能為某種高尚的目的服務，只有一個辦法，那就是要有一群堅定的信徒堅持不濫用這些科技。而那也正是轟炸機黑手黨想嘗試做到的事情——即便當他們精心計畫的戰法在歐洲上空的雲霧中迷航，在日本的天際被強勁氣流吹偏的時候，他們也不曾動搖。他們堅持了下來，沒有因為科技不可避免地誤入歧途而隨波逐流，沒有因為放棄夢想可以成為勝利的捷徑而便宜行事，也沒有因為撒旦想用全世界去換他們一個信念而受到誘惑。少了堅持的原則，什麼也不是。有朝一日，你的夢想總會實現，而在那之前你要是不能讓心中的夢想活著，那你還是你嗎？

我問了在陸軍戰爭學院任教的軍史專家塔蜜．比德爾一個問題，我問她關於一九四五年春夏的事情，她是怎麼跟學生們說的。對此她跟我說了一個小故事。「我祖母莎迪．戴維斯（Sadie Davis）有兩個孩子，兩個在二戰中作戰的兒子。其中一個在太平洋戰區待了很久，另一個在歐洲戰區作戰，但沒有能在原訂的九州登陸戰前攢足退役的積分。」[3]

所謂的九州登陸戰，是計畫中要在一九四五年十一月進行的作戰，這場戰役若真獲執行，預計會付出至少五十萬美國士兵陣亡的代價，更別說日本也要死至少一樣多的人了。她接續說道：

他原本會成為九州登陸戰的美軍一員，但沒想到美軍在海軍攻勢上、在運輸封鎖上，在對日本城市的空襲上，還有最終對原子彈的運用上，會如此的心狠手辣。[4]對祖母而言，我相信她當時一定很樂見美軍下手狠點，因為她肯定希望兩個兒子可以早日平安回到她身邊。很多人在戰時都有這種心情。

但等到事過境遷的戰後，你看到事情的全貌與前因後果，你看到人事物的下場與慘狀，你看到逝去的生命與地表的滿目瘡痍，也看到照片上剩下一片廢墟的廣島與慘遭轟炸的德國城市，你難免會開始思考：天啊，難道沒有別的辦法嗎？我們是不是丟失了自己的靈魂？我們是不是為了勝利而跟魔鬼進行了交易，結果贏得了戰爭卻輸掉了善惡的道德？

---

3. 譯註：按照美國陸軍的積分系統，參加一次戰役、獲得一枚獎章、服役一定的時間都可以得到積分，當累計達到八十五分時，就可以申請退役返鄉。
4. 陸軍上將喬治・馬歇爾（George C. Marshall）認為久戰會拖垮士氣。他主張最快的獲勝之道是兩棲登陸入侵日本。相對之下，海軍艦隊司令厄尼斯特・金上將（Ernest J. King）則認為登陸作戰會造成人員死傷過大。最終不論是美國陸軍或海軍的計畫，都只停留在計畫階段。日本在美國海軍能擴大封鎖之前，就已無條件投降了。而名為「沒落行動」（Operation Downfall）的兩棲登陸也從未正式啓動。

柯蒂斯・李梅把什文福與雷根斯堡的轟炸後照片放在他住處的門廳，是因為他沒有一天不想提醒自己為了一項他心目中認為毫無所獲的任務，自己失去了多少陸航弟兄。要是李梅也能把火攻東京的照片放上去，我對他的評價會高一點——那代表他也沒有一天不想忘記在那場他認為大獲成功的任務中，有多少無辜百姓喪失了寶貴的生命。[5]

一如比德爾所言：

那些真的都是無解的問題。我希望我永遠不會需要面對我祖母所身陷的處境，因為擔心兩個兒子在戰爭中的安危而必須向上蒼祈求那不可言說之事——讓敵國的百姓遭受悲慘的禍事而讓戰爭早日結束，兒子早日歸來。我希望我的人生中，永遠不需要有這一段。惟若誰有過這種感覺，我也實在難以厚非。

5. 話說到底，李梅在歷史上留下最鮮明的一段記憶，或許還得算是他出版於一九六五年的退役前夕，回憶錄中的一段話語。當時李梅在北越問題上，被引用了這麼一段發言：「我們要把他們炸回到石器時代。」這話經由媒體披露的時間，適值他與種族隔離主義者喬治·華萊斯（George Wallace）搭檔，以第三勢力身分競逐一九六八年美國總統大選的期間。但二〇〇九年，華倫·柯札克（Warren Kozak）在其執筆的李梅傳記中質疑了此一知名發言的真實性。柯札克寫道：「在其由小說家麥肯利·坎托（MacKinley Kantor）輔助完成的自傳《李梅的任務》（*Mission with LeMay*，暫譯）中，李梅提供了他的發言、故事與想法給坎托，然後藉坎托之力將之化成文稿，最後在出版之前交由李梅審定。這本書很大程度上是李梅的口吻，而且完成度很高。但就是在第五百四十五頁，有一句關於越戰的引言是坎托自己發明的：『我對這個問題的解決之道，就是明白告訴他們，要他們收斂一點，停止進攻，否則我們就會把他們炸回石器時代，用空中與海上力量——而不是地面部隊——把他們轟回石器時代。』時至今日，每當李梅的名字跳出來，多數人想到的都是這句引言，他們會問：『這不就是那個想要把越南炸回石器時代的傢伙嗎？』許久之後，李梅向朋友表示他從來沒說過那樣的話。『我只是看稿看到（太）他媽無聊了，所以就有點放水。』他對親友們說。書既然是掛他的名字，他就必須負責，但這段話被塞進他嘴裡，很可能只是因為那很像是他會說的話。」

結語
空軍之家會在轉瞬間消失如煙，噗呼。

在執筆《失控的轟炸》的期間，我有天晚上是在與華府只有波托馬克河一水之隔，位於邁爾堡（Fort Myer）內的空軍之家度過。那裡是空軍參謀長的官邸。我在本書的一開頭提過這一晚。我應時任空軍參謀長的大衛．古德芬將軍之邀前往，與一群他的將軍同袍座談。

空軍之家建在一條有典雅維多利亞風格建築夾道的路街上，參謀長聯席會議主席就住在那裡，至於就住在隔壁的副主席也是當晚的來賓。對街的平地，就是萊特兄弟第一次向陸軍長官演示飛行機的場地。屋內餐廳的某面牆上，依序陳列著自一九四七年美國成立獨立的空軍以來，每一位曾位居空軍之首的人物照片。我在那些照片前佇立良久，看著那些我曾經讀到過或耳聞過的姓名與面孔。上排左邊數來第五個，正是對著鏡頭金剛怒目的柯蒂斯．李梅。[1]

那是一個炎熱的夏夜。我們坐在戶外的海灘椅上——一共五個人。起飛自不遠處雷根國家機場的飛機，在我們頭頂呼嘯而過。偌大的空調主機跑得氣喘吁吁，有一搭沒一搭。四下紛飛的蚊子發出樂呵呵的嗡嗡聲。將軍們暢談著他們的戰爭經歷：科索沃、沙漠風暴、阿富汗。他們有些人的父親打過越戰、祖輩打過二戰，所以他們懂，他們切身地懂得戰爭曾經是怎麼回事，也明白事情是如何變了。

1. 李梅在一九四八年出掌戰略空軍司令部。如歷史學者理查．柯恩表示，「比起任何一位人物，李梅將軍在其從一九四八到五七的任內，都更加為初生的戰略空軍司令部形塑了其定位。」一九六一年，李梅在甘迺迪總統主政時更上層樓，獲任命為空軍參謀長，為空軍最高職務。

有位將軍聊到了他在阿富汗西部的服役經歷。他接到一群美軍的無線電，那群弟兄遭到了攻擊。

地面一名弟兄以無線電聯繫上我，你可以聽到五〇機槍的聲響在他身邊此起彼落。他說：「我被三面包圍，我受到了壓制火力攻擊。我的陣地有弟兄負傷。我們要被踏平了。」

地面部隊需要空中火力掩護。但哪怕炸彈落點有十碼的落差，他們打到的就會是美軍。他接著說：「所以我們讓三顆不同的炸彈落在距離來電弟兄不到二十公尺的地方，轟垮了三棟不同的建築，而我們這位弟兄跟他的部下都〔活了下來〕。精準導彈就是能準到這種程度。」

古德芬指著空軍之家兩側的長長整排房屋。他說他在越戰擔任 F-4 戰鬥機飛行員的父親可以投下六枚炸彈，然後有相當的把握可以讓至少一到兩枚擊中空軍之家。相對之下，古德芬說：「他兒子去打了沙漠風暴行動，而我可以告訴你……我有百分之八十九的信心可以直接命中空軍之家。」

但就在美國進軍科威特的數年之後，古德芬將軍率領了一支中隊飛入科索沃。而在那個時間點上，他說，他有自信可以不光擊中空軍之家，還可以讓你指定要擊中它特定的廂房。

OK，所以你從當時進展到今天。時至今日，我們的期待值已經是年輕飛行員可以精準擊中屋頂上頭煙囪的基座。要是……沒擊中，就是算飛行員的失手。我們就是這麼準。而……我之所以舉這樣的例子，是因為我們的目標是樓房裡的某個人，而我並不想摧毀下面那幾層。這麼做對我們是家常便飯。我們的打擊精準度就是已來到這種水準。

那晚在座的將軍，沒有一個人宣稱這種準度的轟炸革命完善了戰爭，遑論化解了戰爭。精準轟炸也有自身的缺陷。如果你的目標是某個人，那你就必須要有卓越的情報來支援你，告訴你你沒有殺錯人。而當你有辦法把打擊範圍縮小到房間裡的某個人時，要取人性命就不太需要掙扎了，是吧？但很多人擔心的是當這種「斬首」行動能做到如此乾淨與精準，動不動就出手就會變成一種很大的誘惑——包括當他們不應該這麼做的時候。

但話說回來，讓我們思考一下。時間推回一九四五年，若有人想要摧毀古德芬手指的那棟房子，那他就得大陣仗讓一整隊轟炸機起飛，攜帶數千公噸的燒夷彈，然後讓以空軍之家為圓心，方圓數英里的面積都付之一炬——一河之隔的華盛頓特區、基地另一側維吉尼亞州的阿靈頓，都將難以倖免。

有種道德問題，只能靠良知與自由意志去化解。那也是最棘手的一種問題。但還有一種問題可以用人類的創意去化解。轟炸機黑手黨的天才之處就在於他們看出了這兩種問題的差別，然後告訴大家：我們不用濫殺無辜，把他們燒到面目全非，只為了達成我們的軍事目的。我們可以有更好的做法。而他們是對的。[2]

諸位將軍開始聊起了地位相當於當年李梅的B-29，美軍現役的B-2隱形轟炸機。憑藉其在雷達上的隱身能力，B-2可以來無影去無蹤，這是B-29想都不敢想的能力。

一名將軍說：「所以說實質上在我們如今端坐的邁爾堡，你可以任選

2. 二〇〇九年一月二十一日，歐巴馬總統在他就職的隔日簽署了一份禁止使用燃燒性武器的聯合國協定。截至本書付梓，已有一百一十五個國家簽署了首見於一九八一年的裁減核武條例。

八十個目標攻擊，而且可以從四萬英尺高空的視距外為之，不需要讓轟炸機出現在雷達上，炸彈扔了就走。」我問我們能不能聽到轟炸機接近的聲音，得到的答案是：「聽不到，太高了。」

我們會坐在後院的海灘椅上，然後抬頭一看，空軍之家——或甚至是空軍之家的某個部分——就會在轉瞬間消失如煙，噗呼。

高空精準轟炸。

柯蒂斯．李梅贏得了戰役。海伍德．漢賽爾贏得了戰爭。

致謝

《失控的轟炸》有著不平凡的出身，因為它的文學生命始於一本有聲書，之後才蛻變為白紙黑字。大部分的出版品都是反其道而行。所以我首先要從普希金實業（Pushkin Industries）的團隊謝起，感謝他們替我打造出這個作品的原型，具體而言包括尤其是統籌普希金有聲書運作的布蘭登・法蘭西斯・紐南（Brendan Francis Newnam）與潔思敏・法奧斯提諾（Jasmine Faustino）、我的編輯茱莉亞・巴頓（Julia Barton）、我的製作人傑可布・史密斯（Jacob Smith）跟艾洛伊絲・林頓（Eloise Lynton）、我的內容校對艾美・蓋恩斯（Amy Gaines）、配樂路易斯・蓋拉（Luis Guerra），還有音效工程聖手佛隆・威廉斯（Flawn Williams）跟馬丁・岡薩雷斯（Martín H.

Gonzalez）。我還要感謝一路以來的諸位研究員，包括卡蜜拉・貝普提斯塔（Camille Baptista）、史黛芬妮・丹尼爾（Stephanie Daniel）、貝絲・強森（Beth Johnson）與西奧瑪拉・馬丁尼茲—懷特（Xiomara Martinez-White）——更不用說居功厥偉的海瑟・范恩（Heather Fain）、卡莉・米格里奧利（Carly Migliori）與米雅・洛貝爾（Mia Lobel）。

利特爾・布朗（Little, Brown）作為我展開書籍寫作生涯以來就合作至今的出版社，後來從普希金手中接下了有聲書的內容。對於利特爾・布朗在把《失控的轟炸》製成紙本書與電子書上的付出，我想傳達深刻的謝忱給以下的同仁：布魯斯・尼可斯（Bruce Nichols）、泰瑞・亞當斯（Terry Adams）、馬賽・巴納（Massey Barner）、潘・布朗（Pam Brown）、茱蒂・克連（Judy Clain）、芭芭拉・克拉克（Barbara Clark）、尚恩・福特（Sean Ford）、伊莉莎白・加瑞嘉（Elizabeth Garriga）、伊凡・漢森—邦迪（Evan

Hansen-Bundy）、派特・嘉爾伯特—李凡（Pat Jalbert-Levine）、葛雷格・庫里克（Gregg Kulick）、米雅・熊谷（Miya Kumangai）蘿拉・馬莫洛克（Laura Mamelok）、阿思雅・穆齊尼克（Asya Muchnick）、馬里歐・普利斯（Mario Pulice）、瑪莉・童多夫—迪克（Mary Tondorf-Dick）與克雷格・楊恩（Craig Young）。

而我放在最後但心意不變要感謝的，是空軍第二十一與第二十二司令部參謀長大衛・古德芬（David L. Goldfein）將軍與小查爾斯・布朗將軍（Charles Q. Brown Jr.），感謝他們不遺餘力地為我指點迷津，讓我得以取得空軍檔案庫的參考資料，並向空軍大學的多位軍史學家請益。

我書寫到一半時，古德芬將軍正好（於二〇二〇年十月）退役，並由布朗將軍接手他的職務。我在線上見證了交接儀式，美國自國防部長與參謀長聯席會議主席以降，所有的與會長官都致了詞。適逢美國近年來，國運最起伏震盪而前途未卜的這個夏天，這場交接儀式重現了優雅、莊重、肅穆的典範。原版的轟炸機黑手黨在空軍這偉大美國體制的建立上，出了一分力，而他們的影響仍歷歷在目，未曾稍歇。

葛拉威爾作品集 0010

失控的轟炸：

人道與人性的交戰，造就二戰最漫長的一夜

作　　者—麥爾坎・葛拉威爾（Malcolm Gladwell）
譯　　者—鄭煥昇
主　　編—陳家仁
企　　劃—藍秋惠
協力編輯—聞若婷、廖柏皓
封面設計—陳恩安
版面設計—賴麗月
內頁排版—林鳳鳳

總 編 輯—胡金倫
董 事 長—趙政岷
出 版 者—時報文化出版企業股份有限公司
108019 台北市和平西路三段 240 號 4 樓
發行專線—（02）2306-6842
讀者服務專線— 0800-231-705、（02）2304-7103
讀者服務傳真—（02）2302-7844
郵撥— 19344724 時報文化出版公司
信箱— 10899 臺北華江橋郵政第 99 信箱
時報悅讀網— http://www.readingtimes.com.tw
法律顧問—理律法律事務所 陳長文律師、李念祖律師
印　　刷—勁達印刷有限公司
初版一刷— 2022 年 4 月 22 日
初版四刷— 2024 年 5 月 23 日
定　　價—新台幣 420 元

時報文化出版公司成立於一九七五年，並於一九九九年股票上櫃公開發行，於二〇〇八年脫離中時集團非屬旺中，以「尊重智慧與創意的文化事業」為信念。

ISBN 978-626-335-127-1
Printed in Taiwan

失控的轟炸：人道與人性的交戰,造就二戰最漫長的一夜/麥爾坎.葛拉威爾(Malcolm Gladwell)著；鄭煥昇譯. -- 初版. -- 臺北市：時報文化出版企業股份有限公司, 2022.04
312面；14.8x21公分. -- (葛拉威爾作品集；10)
譯自：The bomber mafia : a dream, a temptation, and the longest night of the Second World War.
ISBN 978-626-335-127-1(平裝)
1.CST: 第二次世界大戰 2.CST: 空戰史
712.84　　111002624